幼学琼林

[明]程登吉·著
赵卫华·编译

插图精译

陕西新華出版 三秦出版社

图书在版编目（CIP）数据

幼学琼林 /（明）程登吉著；赵卫华编译. -- 2版
西安：三秦出版社，2008.04（2024.1重印）
（国学百部文库）
ISBN 978-7-80628-309-7

Ⅰ. ①幼… Ⅱ. ①程… ②赵… Ⅲ. ①汉语－古代－启蒙读物②幼学琼林－译文 Ⅳ. ①H194.1

中国版本图书馆CIP数据核字（2008）第036256号

书　　名　幼学琼林
作　　者　[明]程登吉 著　赵卫华 编译
责　　编　贺金娥
封面设计　新华智品

出版发行　三秦出版社
社　　址　西安市雁塔区曲江新区登高路1388号
电　　话　（029）81205236
邮政编码　710061
印　　刷　北京一鑫印务有限责任公司
开　　本　680×1020　1/16
印　　张　9
字　　数　106千字
版　　次　2008年4月第2版
印　　次　2024年1月第2次印刷
标准书号　ISBN 978-7-80628-309-7

定　　价　39.80元
网　　址　http://www.sqcbs.cn

前　言

《幼学琼林》和《三字经》《百家姓》《千字文》《增广贤文》《朱子家训》等一样，在中国古代被列为儿童启蒙读物。

《幼学琼林》原名《幼学须知》，明末程登吉（字允升）原编。从书中内容看，本书实则是对成语典故渊源出处作的简明精当的注解。《幼学琼林》在形式上是骈体文，全书都用对偶句子写成，读起来琅琅上口，便于记忆。在内容上包罗广泛，举凡天文地理、科举职官、饮食起居、婚丧嫁娶、花鸟虫鱼、名物制度乃至处世为人，此书无不包容，犹如一部小百科全书。相传“读了《增广》会说话，读了《幼学》走天下”，可见此书影响之大。

《幼学琼林》之所以大受欢迎，是与其编排有方分不开的。此书的第一个特点是内容全面。第二个特点是语言简洁明快。全书不过三万字左右，每一典故，少者只用四五字，多者也不过十余字，便介绍清楚。特点之三是通俗实用。书中所选成语典故多是读书学习及日常生活中经常碰到的，学了就能用，而且可以举一反三。除此外，对于今天的读者还具有积极意义，且其中不少格言警句，时至今日，仍发人深省，催人奋进。

读者通过此书，除可掌握不少成语典故外，还可对中国古代的典章制度、风俗礼仪等会有一个较深层次的了解。毋庸讳言，由于本书毕竟是封建社会的产物，书中不乏宣扬封建伦理道德的内容，希望读者在阅读时批判继承，做到取其精华，弃其糟粕。

《幼学琼林》取材广泛，内容丰富，考虑到普及的需要，我们选取了其中最具代表性的篇章，以供读者阅读，希望本书能对您的学习和生活有所裨益。

编　者

2008 年 8 月

目　录

天 文

【原文】混沌初开，乾坤始奠。气之轻清上浮者为天，气之重浊下凝者为地。

【译文】在远古时，天和地没有被分开，元气混混沌沌，古人认为混沌的元气一经分开，天和地也就形成了。清新的气体慢慢上升形成了天，浑浊的气体缓缓下降形成了地。

【原文】日月五星，谓之七政；天地与人，谓之三才。

【译文】太阳、月亮以及金、木、水、火、土五星的运动变化，被古代帝王作为施政的参考，所以称为“七政”；天、地、人各具才能生生不息，所以被称作“三才”。

【原文】日为众阳之宗，月乃太阴之象。虹名螮蝀，乃天地之淫气；月里蟾蜍，是月魄之精光。

【译文】太阳是万物生长的源泉，太阴指的是月亮。彩虹，又称为螮蝀(dì dōng)，古人认为虹是由天地间的不正之气所形成，因而称它是天地间的淫气；月亮里有一只蟾蜍，它是月亮中的精灵。

【原文】风欲起而石燕飞，天将雨而商羊舞。旋风名为羊角，闪电号曰雷鞭。

【译文】刮风之前会有像燕子一样的石头飞翔，下雨之前会有一种叫商羊的鸟跳舞。旋风刮起来像羊角一样，闪电就像雷在空中甩出的鞭子。

【原文】青女乃霜之神，素娥即月之号。雷部至捷之鬼曰律令，雷部推车之女曰阿香。云师系是丰隆，雪神乃是滕六。

【译文】青女是主管霜降的神灵，素娥是指天上的月亮。雷部有一个跑得最快的鬼叫律令，雷部里有一个推雷车的女子叫阿香。云神指的就是丰隆，雪神也就是滕六。

【原文】 欻火、谢仙，俱掌雷火；飞廉、箕伯，悉是风神。列缺乃电之神，望舒是月之御。

【译文】欻火和谢仙是掌管雷火的神；飞廉和箕伯都是风神。列缺是掌管闪电的神，望舒是为月神驾车的车夫。

【原文】 甘霖、甘澍，俱指时雨；玄穹、彼苍，悉称上天。雪花飞六出，先兆丰年；日上已三竿，乃云时晏。

【译文】甘霖和甘澍，都是指及时的好雨；玄穹和彼苍，都是上天的代称。满天飞舞的雪花是六个瓣，预示明年将是一个丰收年；太阳已经有三根竹竿高，是说时间已经很晚了。

【原文】 蜀犬吠日，比人所见甚稀；吴牛喘月，笑人畏惧过甚。

【译文】蜀国的狗因为常处于阴雨天气，很少见到太阳，看见太阳出来就大叫，比喻人见世面太少；吴地的水牛因为害怕炎热，看见月亮发光也喘气，用来嘲笑特别胆小的人。

【原文】 望切者，若云霓之望；恩深者，如雨露之恩。

【译文】深切的盼望，就像久旱盼望云雨一样；深厚的恩情，就像万物得到了雨露的滋润。

【原文】 参商二星，其出没不相见；牛女两宿，惟七夕一相逢 。

【译文】参、商两颗星，一颗在东，一颗在西，此出彼没，永远不得相见；牵牛、织女星，只有在每年的七月初七才能相会一次。

【原文】 后羿妻，奔月宫而为嫦娥；傅说死，其精神托于箕尾。

【译文】相传后羿的妻子偷吃了不老之药奔到月宫里就成了嫦娥；商朝有个宰相叫傅说，相传他死后灵魂寄托在箕星和尾星。

【原文】 披星戴月，谓早夜之奔驰；沐雨栉风，谓风尘之劳苦。

【译文】顶着星星出发，顶着月亮回来，形容人早起晚睡地辛勤劳作；用雨沐浴，用风梳头，比喻人在旅途中饱经风尘的劳苦。

【原文】**事非有意，譬如云出无心；恩可遍施，乃曰阳春有脚。**

【译文】事情并非是有意去做，就好像浮云在无意中露出隐藏的山峰；遍施恩情，就像阳春有脚，到处滋润万物。

【原文】**馈物致敬，曰敢效献曝之忱；托人转移，曰全赖回天之力。感救死之恩曰再造；诵再生之德曰二天。**

【译文】赠送礼物表达敬意，要有农人献曝的热情；靠人改变定局，必须有扭转乾坤的力量。感激别人的救命之恩，就说如同再造生命；称颂别人使自己重生，就说如同换了苍天。

【原文】**势易尽者若冰山，事相悬者如天壤。晨星谓贤人寥落，雷同谓言语相符。心多过虑，何异杞人忧天；事不量力，不殊夸父追日。**

【译文】权力丧失就像冰山一样，太阳出来就崩溃；事物相差悬殊就像天和地，根本不能到一起。有才德的人像早晨的星星一样稀少；不同的人彼此言语相合，如同雷声完全相同。心中有过多的忧虑，与杞人忧天没什么两样；做事不量力而行，与夸父追日没什么不同。

【原文】**如夏日之可畏，是谓赵盾；如冬日之可爱，是谓赵衰。齐妇含冤，三年不雨；邹衍下狱，六月飞霜。**

【译文】像夏天的太阳炎热、可怕，是形容战国时晋国的大夫赵盾令人感到畏惧；如冬天的太阳般温暖，是形容赵盾的父亲赵衰使人感到亲切。古代东海郡有一个孝顺的媳妇含冤而死，此地居然三年没有下雨；战国学者邹衍蒙冤下狱被谗言陷害，结果六月里却飘起了霜雪。

【原文】**父仇不共戴天，子道须当爱日。盛世黎民，嬉游于光天化日之下；太平天子，上召夫景星庆云之祥。**

【译文】不能与杀父的仇人同处在一个天下；孝子之道是应当珍惜父母在世的每一天。太平盛世的百姓，能够在朗朗晴空下自由地游玩；能够使天下太平的皇帝，上天就会呈现吉祥。

【原文】 夏时大禹在位，上天雨金；《春秋》、《孝经》既成，赤虹化玉。箕好风，毕好雨，比庶人愿欲不同；风从虎，云从龙，比君臣会合不偶。

【译文】 夏朝时大禹治水成功后，天上下起了黄金雨；春秋时孔子写成了《春秋》《孝经》后，彩虹从天而降化成了黄玉。箕星主管风，毕星主管雨，如同人的愿望各不相同；虎啸生风，龙腾云涌，如同君臣相遇并不是偶然的。

禹

【原文】 雨旸时若，系是休征；天地交泰，称斯盛世。

【译文】 晴天和下雨的时间适当，这是吉祥的预兆；天地交往通顺、配合良好、万物繁荣，象征着太平盛世。

地 舆

【原文】 黄帝画野，始分都邑；夏禹治水，初奠山川。宇宙之江山不改，古今之称谓各殊。

【译文】 黄帝按照天上的星宿划分了土地之后，才分别设立都和邑；大禹治理了泛滥的洪水之后，才初步确定了山河的走向和位置。天地间的河流山脉不会改变；但古今对山河的称呼却有所不同。

【原文】 北京原属幽燕，金台是其异号；南京原为建业，金陵又是别名。浙江是武林之区，原为越国；江西是豫章之郡，又曰吴皋。福建省属闽中，湖广地名三楚。东鲁西鲁，即山东山西之分；东粤西粤乃广东广西之域。河南在华夏之中，故曰中州；陕西即长安之地，原为秦境。四川为西蜀，云南为古滇。贵州省近蛮方，自古名为黔地。

【译文】 北京原来属于燕国和幽国，金台是它的别称；南京原名叫建业，金陵是它的别名。浙江是杭州所在的区域，在古代属于越国；江西属于豫章所在的区域，又称作“吴皋”。福建省隶属闽中的地方，湖广地区又称作

"三楚"。东鲁、西鲁是山东和山西的分界；东粤、西粤就是广东、广西的地域。河南地处中国的中部，故被称作中州；陕西就是长安所在的区域，春秋战国时属于秦国。四川就是当年的西蜀，云南是古代的滇国。贵州省靠近南方的蛮地，自古以来就被称作黔地。

【原文】 **东岳泰山，西岳华山，南岳衡山，北岳恒山，中岳嵩山，此为天下之五岳；饶州之鄱阳，岳州之青草，润州之丹阳，鄂州之洞庭，苏州之太湖，此为天下之五湖。**

【译文】东岳泰山，西岳华山，南岳衡山，北岳恒山，中岳嵩山，这是天下的五岳；江西的鄱阳湖，湖北的青草湖，江苏的丹阳湖，湖南的洞庭湖，江苏无锡的太湖，这是中国的五大名湖。

【原文】 **金城汤池，谓城池之巩固；砺山带河，乃封建之誓盟。**

【译文】城墙就像用金子铸成，护城河水像滚开的沸水，比喻城市牢固，坚不可摧；泰山像磨刀石一样小，黄河像衣带一样窄，所封的国也存在，这是汉高祖封功臣为王侯时的誓言。

【原文】 **帝都曰京师，故乡曰梓里。蓬莱弱水，惟飞仙可渡；方壶员峤，乃仙子所居。**

【译文】皇帝的都城叫京师，故乡又叫梓里。蓬莱和弱水，只有会飞的仙人才能渡过去；方壶和员峤，是神仙居住的地方。

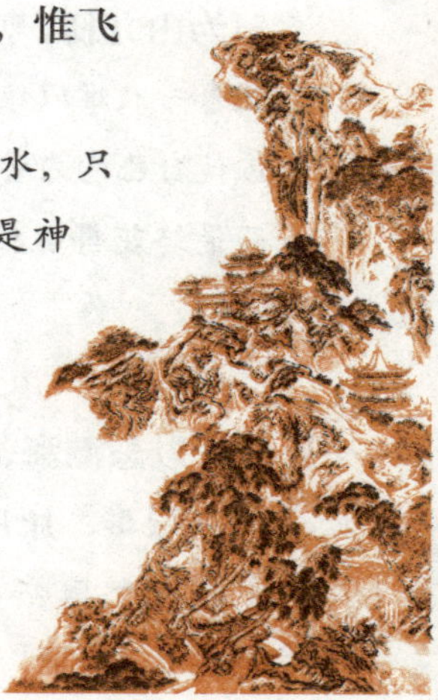

【原文】 **沧海桑田，谓世事之多变；河清海晏，兆天下之升平。**

【译文】沧海桑田，形容世间的事物变化很大；河清海晏，预兆天下太平。

【原文】 **水神曰冯夷，又曰阳侯；火神曰祝融，又曰回禄。海神曰海若，海眼曰尾闾。**

【译文】水神叫冯夷，又称阳侯；火神叫祝融，又称回禄。海神，称作海若；海眼，叫作尾闾。

【原文】　望人包容曰海涵，谢人恩泽曰河润。无系累者曰江湖散人，负豪气者曰湖海之士。

【译文】希望人家包容，要说“海涵”；感谢人家的恩惠，要说“河润”。无牵无挂的人，被称作“江湖散人”；有豪迈气概的人，被叫作“湖海之士”。

【原文】　求田问舍，原无大志；掀天揭地，方是奇才。

【译文】询问房舍，追求田地，这种人原本就没有什么大志；能够翻天覆地的人，才是出类拔萃的人才。

【原文】　凭空起事，谓之平地风波；独立不移，谓之中流砥柱。黑子弹丸，漫言至小之邑；咽喉右臂，皆言要害之区。

【译文】借空虚不实的理由来闹事，称作“平地风波”；能坚定不移地独当一面，叫作“中流砥柱”。以黑子、弹丸比喻极小的地方；以咽喉、右臂来形容至关重要的地方。

【原文】　独立难持，曰一木焉能支大厦；英雄自恃，曰丸泥亦可封函关。事先败而后成，曰失之东隅，收之桑榆；事将成而终止，曰为山九仞，功亏一篑。

【译文】独自一人难以维持局面，就说一根木头不能支撑将要倾覆的大厦；英雄依仗自己的力量夸口，就说用一块泥巴就能封住险要的函谷关。先失败而最终获得成功，叫作“失之东隅，收之桑榆”；即将成功而最终却失败了，叫作“为山九仞，功亏一篑。”

【原文】　以蠡测海，喻人之见小；精卫衔石，比人之徒劳。跋涉谓行路艰难，康庄谓道路平坦。

【译文】用瓢测量海水，比喻人的见识浅薄；精卫衔石填海，比喻人徒劳无功。“跋涉”一词，形容行路艰难；“康庄”一词，形容道路平坦。

【原文】　硗地曰不毛之地，美田曰膏腴之田。得物无所用，曰如获石田，为学已大成，曰诞登道岸。

【译文】硗薄贫瘠的土地叫作“不毛之地”，好的田地叫作“膏腴之田”。得到了东西没有什么用处，就好比获得石头田一样；做学问有所成就，就像登上了知识的彼岸。

【原文】　淄渑之滋味可辨，泾渭之清浊当分。泌水乐饥，隐居不仕；东山高卧，谢职求安。

【译文】春秋时齐国人易牙能尝出淄水和渑水味道的不同，清澈的泾水和浑浊的渭水即使汇合，也泾渭分明。山间叮咚的泉水可以使人忘记了饥饿，故隐居的人不肯做官；在东山过着悠闲自在的生活，因此东晋的谢安多次拒绝朝廷对他的征召，以求过安宁的日子。

【原文】　圣人出则黄河清，太守廉则越石见。美俗曰仁里，恶俗曰互乡。

【译文】只有圣人出现了，黄河水才会清澈；只有太守廉洁，越王石才会出现。孔子曾说："里仁为美"，是说要选择风习好的地方居住，后世由此称风习好的地方为仁里；互乡是古地名，《论语·述而》有一句话"互乡难与言"，说这里的人不通情理，所以风习不好的地方就称为"互乡"。

【原文】　里名胜母，曾子不入；邑号朝歌，墨翟回车。击壤而歌，尧帝黎民之自得；让畔而耕，文王百姓之相推。

【译文】乡里有名字叫胜母的，曾子就不进去；都城有名字叫朝歌的，墨子就把车开回去了。尧帝时，人们敲击着土壤唱歌，这是古代百姓自得其乐的盛世景象；周文王时，种田的人互让田界耕种，当时的百姓中盛行君子的礼让之风。

【原文】　费长房有缩地之方，秦始皇有鞭石之法。尧有九年之水患，汤有七年之旱灾。

【译文】传说东汉人费长房会缩地术，传说秦始皇有用鞭驱赶石头的办法。相传尧帝时，发生过九年的洪灾；商汤时发生过七年大旱。

【原文】　商鞅不仁而阡陌开，夏桀无道而伊洛竭。道不拾遗，由在上有善政；海不扬波，知中国有圣人。

【译文】商鞅不施仁政，让百姓在田地里开出纵横交错的田

尧

界；夏桀荒淫暴虐，于是伊水和洛水两条河流枯竭了。路上不捡拾别人丢失的东西，因为执政者治国有方；大海不掀起波浪，因为知道中国有了圣人。

岁　时

【原文】爆竹一声除旧，桃符万户更新。履端是初一元旦，人日是初七灵辰。元日献君以椒花颂，为祝遐龄；元日饮人以屠苏酒，可除疠疫。

【译文】爆竹一声响，把旧的东西全部去除，千家万户换上了新桃符。一年的开始是大年初一，又称元旦；人日是正月初七。晋代刘臻的妻子陈氏，在元旦那天献给他一道《椒花颂》，祝愿他长寿；据说有人住在名叫屠苏的草庵中，这人每年除夕都赠邻里一帖药，让人把药囊浸到井里，元旦取水合酒而饮，这种酒被称为屠苏酒，可以避免瘟疫。

【原文】新岁曰王春，去年曰客岁。火树银花合，谓元宵灯火之辉煌；星桥铁锁开，谓元夕金吾之不禁。

【译文】新年叫王春，去年叫客岁。火树银花，是指元宵灯火的辉煌的景象；皇城桥梁铁锁都打开，指的是元宵夜京城开禁，警戒消除。

【原文】二月朔为中和节；三月三为上巳辰。冬至百六是清明；立春五戊为春社。寒食节是清明前一日；初伏日是夏至第三庚。

【译文】二月初一（朔日）是中和节，取居春天之中而气候和缓的意思，这一天百姓以百谷瓜果互相慰问，祭祀谷神以祈丰年；春天另一个节日是在三月第一个“巳”日，后来定为三月初三，这一天官民都到水边饮酒，以祓除不祥。冬至后的第一百零六天是清明；立春后的第五个“戊”日是春社。寒食节是清明的前一天；初伏是夏至后的第三个“庚”日。

【原文】四月乃是麦秋；端午却为蒲节。六月六日，节名天贶；五月五日，节号天中。

【译文】四月就是麦收的季节；五月初五端午节这天，人们切菖蒲洒到酒中，饮了可避疾病，所以又称为蒲节。农历六月六日是天贶(kuàng)节，宋真宗时信奉道教，他说元符四年六月六日有天书降诏，所以定这一天为天贶节；古人将农历五月五日午时定为天中节，这就是后来的端午节。

【原文】端阳竞渡，吊屈原之溺水；重九登高，效桓景之避灾。五戊鸡豚宴社，处处饮治聋之酒；七夕牛女渡河，家家穿乞巧之针。

屈 原

【译文】端阳节赛龙舟，是怀念屈原投汨罗江而死；重阳节登高，是效仿汉代桓景登高避灾。五戊（立春后第五个“戊”日）是人们杀猪宰鸡祭神的日子，家家户户喝防治耳聋的酒；农历七月七日是牛郎、织女渡过银河相会的日子，家家户户的妇女都穿针引线，向织女乞求手巧的针。

【原文】中秋月朗，明皇亲游于月殿；九日风登高，孟嘉帽落于龙山。秦人岁终祭神曰腊，故至今以十二月为腊；始皇当年御讳曰政，故至今读正月为征。

【译文】中秋节那天月亮明朗，唐明皇曾亲自到月宫里游玩过；农历九月九日那天风大，登高时孟嘉曾在龙山被吹落过帽子。秦朝时人们把年终祭神叫作“腊”，所以到现在仍然把农历十二月份叫腊月；秦始皇名嬴政，为了避讳，所以直到现在仍读正月为征月。

【原文】东方之神曰太皞，乘震而司春，甲乙属木，木则旺于春，其色青，故春帝曰青帝。南方之神曰祝融，居离而司夏，丙丁属火，火则旺于夏，其色赤，故夏帝晳曰赤帝。西方之神曰蓐收，当兑而司秋，庚辛属金，金则旺于秋，其色白，故秋帝曰白帝。北方之神曰玄冥，乘坎而司冬，壬癸属水，水则旺于冬，其色黑，故冬帝曰黑帝。中央戊巳属土，其色黄，故中央帝曰黄帝。

【译文】东方的神叫太皞，东方在八卦中属震卦，震卦主管春天，春天在天干所代表的时间里属甲乙，春天在五行中属木，木在春天蓬勃旺盛，木在春天是青色，所以春帝又叫青帝。南方的神叫祝融，南方在八卦中属离卦，离卦主管夏天，夏天在天干所代表的时间里属丙丁，夏天在五行中属火，火在夏天旺盛，火的颜色是红色，所以夏帝叫赤帝。西方的神叫蓐收，西方在八卦中属兑卦，兑卦主管秋天，秋天在天干所代表的时间里属庚辛，秋天在五行里属金，金在秋天旺盛，而秋天萧瑟为白色，金的颜色也为白色，所以秋帝又叫白帝。北方的神叫玄冥，北方在八卦中属坎卦，主管冬天，冬天在天干所代表的时间里属壬癸，冬天在五行中属水，水在冬天旺盛，水的颜色是黑色，所以冬帝又称黑帝。中央在天干中属戊巳，在五行中属土，土是黄颜色，所以中央帝叫黄帝。

【原文】 **夏至一阴生，是以天时渐短；冬至一阳生，是以日晷初长。冬至到而葭灰飞，立秋至而梧叶落。**

【译文】 从夏至这天起阴气逐渐萌发，所以白天一天比一天短；从冬至这天起阳气逐渐开始萌发，所以白天又一天比一天变长。冬至到了放在律管中的葭灰便飞出来，立秋到了梧桐树的叶子便落下来。

【原文】 **上弦谓月圆其半，系初八九；下弦谓月缺其半，系廿二三。月光都尽谓之晦，三十日之名；月光复苏谓之朔，初一日之号；月与日对谓之望，十五日之称。初一是死魄，初二旁死魄，初三哉生明，十六始生魄。**

【译文】 上弦月是指月圆了一半，是每月的初八、初九的时候；下弦月是指月缺了一半，是每月的廿二、廿三的时候。月光完全消失了叫作晦，是每月最后一天的别称；月光逐渐恢复叫作朔，朔是每月初一的别称；月亮与太阳遥遥相对叫作望，望是每月十五日的别称。月光在初一时最阴暗，初二时仍无光，初三以后才逐渐生出一丝光来，十六以后才生出没有光的形体而开始月缺。

【原文】 **翌日诘朝，皆言明日；谷旦吉旦，悉是良辰。片晌即谓片时，日曛乃云日暮。畴昔曩者，俱前日之谓；黎明昧爽，皆将曙之时。**

【译文】 翌日、诘朝，都是指明天；谷旦、吉旦，指的都是好时辰。“片晌”，就是指片时、片刻，"日曛"，就是指日暮、傍晚。"畴昔曩者"，是对前天的称呼；"黎明昧爽"，都是指天要亮的时候。

【原文】 **月有三浣：初旬十日为上浣，中旬十日为中浣，下旬十日为下浣；学足三余：夜者日之余，冬者岁之余，雨者晴之余。以术愚人，曰朝三暮四；为学求益，曰日就月将。焚膏继晷，日夜辛勤；俾昼作夜，晨昏颠倒。**

【译文】 唐代官员每月要洗濯三次，叫三浣，上旬十天叫上浣，中旬十天叫中浣，下旬十天叫下浣；三国时董遇说治学要抓紧三个空闲时间，叫三余，夜晚是白天的剩余时间，冬天是这一年的闲暇时间，雨天是晴天的空闲时间。用权术来愚弄别人，就叫作朝三暮四；做学问要求有进步，就说日有所成就，月有所前进。点灯熬油，想把白天延长，是指勤奋好学的人抓紧时间日夜苦读；把白天当作黑夜，是说过着晨昏颠倒、纸醉金迷的生活。

【原文】 **自愧无成，曰虚延岁月；与人共语，曰少叙寒暄。可憎者，人情冷暖；可厌者，世态炎凉。**

【译文】 惭愧自己没有什么成就，就说"虚延岁月"；与人交谈，叫作"少叙寒暄"。可憎恨的是人的感情也像天气一样，有冷有暖；可厌恶的是人的态度也像气候一样，有炎有凉。

【原文】 **周末无寒年，因东周之懦弱；秦亡无燠岁，由嬴氏之凶残。泰阶星平曰泰平，时序调和曰玉烛。**

【译文】 周朝衰亡的时候，没有特别寒冷的年份，因为东周王权虚弱；秦朝灭亡的时候，没有较为暖和的年份，因为嬴氏政权过于凶残。（这是古代"天人合一"的观念，用自然现象比附政治现象，是牵强附会的说法）三台的星平，就叫作泰平；四时的气和，就叫作玉烛。

【原文】 **岁歉曰饥馑之岁，年丰曰大有之年。唐德宗之饥年，醉人为瑞；梁惠王之凶岁，野莩堪怜。**

【译文】 庄稼歉收的年份称为"饥馑之岁"，饥是谷物收成不好，馑是蔬菜收成不好；丰收的年份称为"大有之年"，"大有"是《周易》卦名，有盛大丰有的意思。唐德宗时，因连年战乱和灾荒，造成饥荒年，没有造酒的，市井上偶然有一个醉酒之人，都认为是祥瑞；梁惠王时，实行暴虐统治，路上饿死的人实在令人怜悯。

【原文】　丰年玉，荒年谷，言人品之可珍；薪如桂，食如玉，言薪米之腾贵。春祈秋报，农夫之常规；夜寐夙兴，吾人之勤事。

【译文】“丰年玉，荒年谷”，是指品格的珍贵；“薪如桂，食如玉”，是说柴米的价格昂贵。春祈丰年，秋报成熟，是农民平常的规矩；晚睡早起，是读书人应当勤勉的事情。

【原文】　韶华不再，吾辈须当惜阴；日月其除，志士正宜待旦。

【译文】青春不会再来，我们要珍惜光阴；日月不停地流去，有志之人应抓紧时间有所作为。

朝　　廷

【原文】　三皇为皇，五帝为帝。以德行仁者王，以力假仁者霸。

【译文】伏羲、燧人、神农，被称为三皇；黄帝、颛顼、帝喾、尧、舜，被称为五帝。凭借德性推行仁政的人被称为王，凭借武力假借仁义的名称的人被叫作霸。

伏羲氏

【原文】　天子天下之主，诸侯一国之君。官天下，乃以位让贤；家天下，是以位传子。

【译文】天子是统一天下的君主，诸侯是天子分封的诸侯国的国君。公天下，就是把君位让给贤人；私天下，就是把君位传给自己的儿子。

【原文】　陛下尊称天子，殿下尊重宗藩。皇帝即位曰龙飞，大臣觐君曰虎拜。

【译文】“陛下”，是对天子的尊称，“殿下”，是对皇族的尊称。皇帝登基叫“龙飞”，大臣朝见皇帝叫“虎拜 ”。

【原文】　皇帝之言，谓之纶音；皇后之命，乃称懿旨。椒房是皇后所居，枫宸乃人君所莅。

【译文】皇帝说的话，称作“纶音”；皇后的命令，叫作“懿旨”。“椒房”是皇后居住的地方，“枫宸”是皇帝莅临的宫殿。

【原文】　天子尊崇，故称元首；臣邻辅翼，故曰股肱。龙之种，麟之角，俱誉宗藩；君之储，国之贰，皆称太子。

【译文】天子备受尊崇，至高无上，所以称为“元首”；大臣亲近辅佐天子，因此被叫作“股肱”。龙种、麒麟角，都是赞誉皇族的；储君、储贰，都是对太子的称呼。

【原文】　帝子爰立青宫，帝印乃是玉玺。宗室之派，演于天潢；帝胄之谱，名为玉牒。

【译文】皇帝的儿子居住在青宫，皇帝的印章就是玉玺。皇族的支派，是从天潢繁衍出来的；帝王子孙后代的族谱叫作“玉牒”。

【原文】　前星耀彩，共祝太子以千秋；嵩岳效灵，三呼天子以万岁。神器大宝，皆言帝位；妃嫔媵嫱，总是宫娥。

【译文】前面的星座放射着光彩，共用千秋祝太子；嵩岳神现灵，用万岁三呼天子。神器、大宝，都是皇位的代称；妃、嫔、媵、嫱，都是宫女的名称。

【原文】　姜后脱簪而待罪，世称哲后；马后练服以鸣俭，共仰贤妃。唐放勋德配昊天，遂动华封之三祝；汉太子恩覃少海，乃兴乐府之四歌。

【译文】姜后认为周宣王早睡晚起耽误朝政是自己的过错，就摘下头簪等候处罚，世人称赞她是明哲的皇后；东汉的马皇后穿着粗布衣服宣扬节俭，赢得后人一致敬仰。唐尧帝的功德，可以和上天相媲美，因而引起华封人的三种祝福；汉太子的恩泽远及少海，于是兴起了东府的四种颂歌。

文　臣

【原文】　帝王有出震向离之象；大臣有补天浴日之功。三公上应三台，郎官上应列宿。

【译文】震、离是八卦卦名，按八卦方位，震是东方，离是南方，帝王有如从东方升起的太阳，转向南方到了中天，光照四方；大臣应当有为天补缺，为太阳洗浴的作为。三公跟天上的三台星相当，郎官跟天上的众星宿相当。

【原文】　宰相位居台铉，吏部职掌权铨衡。吏部天官大冢宰，户部地官大司徒。

【译文】宰相的位置如同“台铉”，即鼎的两耳，在朝廷中非常重要；吏部是主管官吏的选拔、任免、考察的部门。吏部叫天官，又叫大冢宰；户部叫地官，又叫大司徒。

【原文】　礼部春官大宗伯，兵部夏官大司马。刑部秋官大司寇，工部冬官大司空。

【译文】《周礼》上的春官相当于礼部，其首长叫“大宗伯”，相当于礼部尚书；《周礼》上的夏官相当于兵部，其首长叫“大司马”，相当于兵部尚书。《周礼》上的秋官相当于刑部，其首长叫“大司寇”，相当于刑部尚书；《周礼》上的冬官相当于工部，其首长叫“大司空”，相当于工部尚书。

【原文】　司宪中丞，都御史之号；内翰学士，翰林院之称。天使誉称行人，司成尊称祭酒。

【译文】“司宪”“中丞”，都是都御史的别称；“内翰”“学士”，是翰林的别称。天使是使者的美称，司成是祭酒的尊称。

【原文】称都堂曰大抚台，称巡按曰大柱史。方伯藩侯，左右布政之号；宪台廉宪，提刑按察之称。

【译文】人们把“都堂”尊称为“大抚台”，把“巡按”尊称为“大柱史”。“方伯”“藩侯”，是左右布政使的别号；“宪台”“廉宪”，是提刑按察使的别称。

【原文】宗师称为大文衡，副使称为大宪副。郡侯邦伯，知府名尊；郡丞贰侯，同知誉美。

【译文】宗师被称作大文衡，副使被称为大宪副。“郡侯”“邦伯”，是知府的尊称；“郡丞”“贰侯”，是同知的美称。

【原文】郡宰别驾，乃称通判；司理廌史，赞美推官。刺史州牧，乃知州之两号；廌史台谏，即知县之尊称。

【译文】“郡宰”“别驾”，是通判的别称；“司理”“廌史”，是推官的美称。“刺史”和“州牧”本是古代州官的名称，如今常用作知州的代号；“廌史”本是古代掌司法审判的廷尉的别称，“台谏”本是御史大夫的别称，如今用这两个官衔称知县，是为了表示尊敬。

【原文】乡宦曰乡绅，农官曰田畯。钧座台座，皆称仕宦；帐下麾下，并美武官。

【译文】曾经做过官而住在乡里的人叫作乡绅，劝农的官叫作田畯。“钧座”“台座”，都是对高官的尊称；“帐下”“麾下”，都是对军中将帅的尊称。

【原文】秩官既分九品，命妇亦有七阶。一品曰夫人，二品亦夫人，三品曰淑人，四品曰恭人，五品曰宜人，六品曰安人，七品曰孺人。妇人受封曰金花诰，状元报捷曰紫泥封。

【译文】官吏的职位和品级分为九品；官员的母亲或妻子得到皇帝的封号称命妇，元明以来，命妇分七个等级，一二品称夫人，三品称淑人，四品称恭人，五品称宜人，六品称安人，七品称孺人，封母加“太”字。妇人受封号，叫作金花诰命；状元报告捷音，叫作紫泥封。

【原文】唐玄宗以金瓯覆宰相之名，宋真宗以美珠箝谏臣之口。金马玉堂，羡翰林之声价；朱幡皂盖，仰郡守之威仪。

唐玄宗李隆基

【译文】唐玄宗要任命宰相，先用金瓯覆盖宰相的姓名，这是慎密的缘故；宋真宗因王旦要谏阻封禅，就赐他一坛美珠，堵住了他的口。西汉长安皇宫有金马门和玉堂殿。后世用“金马玉堂”转指翰林院，表示对翰林院的尊崇；汉代郡守春日外出巡视时，驾五马，朱幡（旗帜）皂盖（黑色车盖），后世常用“朱幡皂盖”来形容地方长官仪仗的声威。

【原文】台辅曰紫阁名公，知府曰黄堂太守。府尹之禄二千石，太守之马五花骢。

【译文】宰相叫紫阁明公，知府叫黄堂太守。府尹的俸禄，每年有二千石；太守的马是五匹花骢马。

【原文】代天巡狩，赞称巡按；指日高升，预贺官僚。初到任曰下车，告致仕曰解组。

【译文】代替天子视察政情，被人赞为“巡按”（钦差大臣）；“指日高升”，是预贺官僚晋升的言辞。官员刚一上任叫“下车”，告老归去叫“解组”。

【原文】藩垣屏翰，方伯犹古诸侯之国；墨绶铜章，令尹即古子男之邦。太监掌阍门之禁令，故曰阍宦；朝臣皆搢笏于绅间，故曰搢绅。

【译文】藩、垣、屏、翰，都是屏障的意思，方伯（布政使）管辖的地区犹如古代诸侯国的地域，它们像屏障一样保护着京城；墨绶、铜章，是令尹（县令）一级用的绶带、官印，借以指代县令，他们的领地就是古代子男等小诸侯国的封地。太监是掌管宫门禁令的，所以叫作阍官；朝廷的大臣都把笏板插在束腰的衣带上，所以叫作搢绅。

【原文】萧曹相汉高，曾为刀笔吏；汲黯相汉武，真是社稷臣。召伯布文王之政，尝舍甘棠之下，后人思其遗爱，不忍伐其树；孔明有王佐之才，尝隐草庐之中，先主慕其令名，乃三顾其庐。

【译文】萧何和曹参辅佐汉高祖，早年曾做过主办文案的官吏；汲黯辅佐汉武帝，真是安定国家的重臣。召伯施行周文王的政令，曾在甘棠树的下面停留休息，随从他的人念及是他留下的爱物，不忍心砍伐这棵树；诸葛亮有辅佐帝王的才能，曾隐居在南阳的民间，蜀先主刘备仰慕他的美名，三次到他的茅屋中，才把他请出来。

【原文】鱼头参政，鲁宗道秉性骨鲠；伴食宰相，卢怀慎居位无能。王德用，人称黑王相公；赵清献，世号铁面御史。

【译文】宋鲁宗道参知政事，生性刚直，嫉恶敢言，为权贵所忌惮，被称为“鱼头”（刺多、难对付） 参政，这是由他的为人和姓“鲁”两个方面联想而来的；唐卢怀慎与姚崇同为玄宗时的宰相，卢自认为才能不如姚，每事谦退，人称“伴食宰相”。王德用是北宋名将，少年即以武勇著称，后屡立战功，妇孺皆知，因面黑，人称“黑王相公”；北宋赵清献为官清正，颇有政绩，做殿中侍御史时，刚正敢谏，京师号为“铁面御史”。

【原文】汉刘宽责民，蒲鞭示辱；项仲山洁己，饮马投钱。李善感直言不讳，竞称鸣凤朝阳；汉张纲弹劾无私，直斥豺狼当道。

【译文】汉代刘宽责罚百姓，用蒲草做的鞭子责罚，只是让他感到耻辱罢了；项仲山为人廉洁，每在渭河饮一次马，便投钱三枚，以示不敢妄取。李善感能够直言切谏，没有忌讳，大家抢着称赞他是鸣凤朝阳；汉代张纲检举权贵没有私心，直接斥责豺狼当道。

【原文】民爱邓侯之政，挽之不留；人言谢令之贪，推之不去。廉范守蜀郡，民歌五裤；张堪守渔阳，麦穗两歧。

【译文】百姓喜爱邓侯的政治清明，想挽留他却挽留不住；百姓恨透了谢令的贪污，想推离去却推不去。东汉廉范做蜀郡太守时，百姓作歌唱道：“平生无襦今五裤”，意思是说生活开始富裕起来了；东汉张堪做渔阳太守时，百姓作歌唱道：“桑无附枝，麦穗两歧。”麦穗两歧是丰收吉祥的兆头。

【原文】　鲁恭为中牟令，桑下有驯雉之异；郭伋为并州守，儿童有竹马之迎。鲜于子骏，宁非一路福星；司马温公，真是万家生佛。

【译文】鲁恭做中牟县令，所坐的桑树下，有野鸡驯顺地停在身旁；郭伋做并州太守，有儿童骑竹马来欢迎的热烈场面。宋鲜于子骏，被任为京东路转运使，临行前，司马光说："福星去了，如能有一百个子骏在各地就好了。"当时人说他是"一路福星"；宋司马光封温国公，是著名的儒家学者、历史学家和政治家，以关心国事、清廉正直著称，被人赞为"万家生佛"，即搭救老百姓的活佛。宋人有两句话称赞这两个人说："福星一路之歌谣，生佛万家之灯火。"

【原文】　鸾凤不栖枳棘，羡仇香之为主簿；河阳遍种桃花，乃潘岳之为县官。刘昆宰江陵，昔日反风灭火；龚遂守渤海，令民卖刀买牛。此皆德政可歌，是以令名攸著。

【译文】鸾凤是不会栖息在枳树和棘树上的，羡慕仇香的做主簿；河阳遍地都种上桃花，就是潘岳做县官时让种的。刘昆做江陵县宰时，求助神灵能"反风灭火"；龚遂做渤海太守时，规劝百姓"卖刀买牛"。这都是些恩德施行在政治上值得歌颂的，因此他们美好的名声将会长久地显扬下去。

武　　职

【原文】　韩柳欧苏，固文人之最著；起翦颇牧，乃武将之多奇。范仲淹胸中具数万甲兵，楚项羽江东有八千子弟。

【译文】唐代文学家韩愈、柳宗元，宋代文学家欧阳修、苏轼，固然都是文人中最著名的人物；战国时秦国将军白起、王翦，赵国将军廉颇、李牧，才是武将中的奇才。范仲淹胸中有几万披了铠甲的士兵；西楚霸王项羽，开始只有八千江东子弟。

【原文】　孙膑吴起，将略堪夸；穰苴尉缭，兵机莫测。姜太公有《六韬》，黄石公有《三略》。

【译文】战国时的军事家孙膑、吴起，他们率兵打仗的谋略值得夸赞；春秋战国时的军事家司马穰苴、尉缭，用兵作战变化莫测。相传姜太公曾著兵书《六韬》，黄石公著兵书《三略》。

【原文】**韩信将兵，多多益善；毛遂讥众，碌碌无奇。大将曰干城，武士曰武弁。**

【译文】韩信统兵，越多越好；毛遂因自荐而如愿以偿，讥笑其他人都是平庸无奇的人。大将是抵抗侵略、保卫国家的，所以叫干城；武士是士兵的头目，所以叫武弁。

【原文】**都督称为大镇国，总兵称为大总戎。都阃即是都司，参戎即是参将。**

【译文】都督，被称作“大镇国”；总兵，被称为“大总戎”。都阃，就是都司的别称；参戎，就是参将的俗称。

【原文】**千户有户侯之仰，百户有百宰之称。以车为户曰辕门，显揭战功曰露布。**

【译文】千户，被尊称为户侯；百户，俗称百宰。古时天子出行在外，用车子为藩蔽，将两辆车辕仰起，面对面摆放，称为辕门；后魏每次打仗取得胜利就把战功书写在战旗上，名叫露布。

【原文】**下杀上，谓之弑；上伐下，谓之征。交锋谓对垒，求和曰求成。**

【译文】臣下杀君主，叫作“弑”；国君讨伐臣子，称作“征”。两军交战叫“对垒”，双方求和叫“求成”。

【原文】**战胜而回谓之凯旋，战败而走谓之奔北。为君泄恨曰敌忾，为国救难曰勤王。**

【译文】“凯”是军队得胜所奏的乐曲，“旋”是返回，“凯旋”形容胜利而回；“北”字古代通“背”，将士战败，背阵而逃称“奔北”。为国君发泄愤恨叫敌忾，救国于危难之中叫勤王。

【原文】 胆破心寒，比敌人慑服之状；风声鹤唳，惊士卒败北之魂。汉冯异当论功，独立大树下不夸己绩；汉文帝尝劳军，亲幸细柳营，按辔徐行。

冯 异

【译文】北宋时范仲淹、韩琦都曾镇守陕西抵御西夏，当时边塞流传民谣说："军中有一韩，西贼闻之心骨寒；军中有一范，西贼闻之惊破胆。"东晋时，前秦苻坚率兵进攻东晋，淝水战失败，秦军连夜逃退，听到风声和鹤鸣，都以为是晋军追来。汉光武帝平定天下，诸将并坐论功，只有冯异独立大树下，人称"大树将军"，不计较功劳；汉文帝曾经慰劳军队，亲自到周亚夫的细柳营，按军规牵着马缰绳慢慢地走进去。

【原文】 苻坚自夸将广，投鞭可以断流；毛遂自荐才奇，处囊便当脱颖。羞与哙等伍，韩信降作淮阴；无面见江东，项羽羞归故里。

【译文】苻坚自称兵多将广，在南侵东晋时曾夸口说，把鞭子扔到长江里可以阻断长江；毛遂推荐自己有奇才时说，如果锥子处在口袋中，它的尖头就会整个显露出来。楚汉战争中，韩信率兵为刘邦夺得天下，刘邦收回兵权，封他为楚王，又怀疑他造反，降为淮阴侯，与以前的部下樊哙等平起平坐，韩信很不开心，一次他到樊哙家做客，樊哙称他大王，跪拜迎送，韩信出门苦笑道，没想到今生竟与樊哙等人为伍；项羽在楚汉战争中大败，自叹没有脸面见家乡江东的父老，所以不肯过江回故乡，自刎于乌江。

【原文】 韩信受胯下之辱，张良有进履之谦。卫青为牧猪之奴，樊哙为屠狗之辈。

【译文】韩信受过胯下的耻辱，张良有过替老人拾取鞋子的谦恭美德。汉武帝时的大将军卫青，当年曾以放羊为生；汉初名将樊哙，当年曾以屠狗为业。

【原文】 求士莫求全，毋以二卵弃干城之将；用人如用木，毋以寸朽弃连抱之材。总之君子之身，可大可小；丈夫之志，能屈能伸。

【译文】寻求人才不要求全面，不要因为他吃过人家两个鸡蛋，抛弃了能够御敌立功的干城之将；用人如同使用木材，不要因为有一点儿朽烂的地方，就抛弃了可以连着手抱的粗木大料。总之，有才有德的君子，应当顺应时势，可大可小；胸怀志向的大丈夫，能屈能伸，受重视便施展才能，不被重视，便隐居不出。

【原文】 **自古英雄，难以枚举；欲详将略，须读武经。书曰桓桓武士，诗云矫矫虎臣。**

【译文】自古至今的英雄，难以列举；要想通晓军事战略、策略，必须熟读《武经七书》。《尚书》说："尚桓桓，如虎如貔，如熊如罴。"《诗经》说："矫矫虎臣，在泮献馘。"

祖孙父子

【原文】 **何谓五伦？君臣、父子、兄弟、夫妇、朋友；何谓九族？高、曾、祖、考、己身、子、孙、曾、玄。**

【译文】什么叫五常？君与臣、父与子、兄弟之间、夫与妇、朋友之间的关系；什么叫九族？在己身之上为考，考指父亲，父亲的父亲为祖父，祖父的父亲为曾祖父，曾祖父的上辈为高祖；自己的下辈为子，子的下辈为孙，孙的下辈为曾孙，曾孙的下辈为玄孙，从高祖至玄孙，共九辈，称九族。

【原文】 **始祖曰鼻祖，远孙曰耳孙。父子创造，曰肯构肯堂；父子俱贤，曰是父是子。**

【译文】老祖宗称"鼻祖"，即始祖；远孙为"耳孙"，即玄孙之子。父亲和儿子都能够创造，叫肯构肯堂；父亲和儿子都好，叫善父善子。

【原文】 **祖称王父，父曰严君。父母俱存，谓之椿萱并茂；子孙发达，谓之兰桂腾芳。**

【译文】祖父称"王父"，父亲称"严君"。父母都健在，称之为"椿萱并茂"；子孙发达，称之为"兰桂腾芳"。

【原文】乔木高而仰，似父之道；梓木低而俯，如子之卑。不痴不聋，不作阿家阿翁；得亲顺亲，方可为人为子。

【译文】乔木高大，仰头向上，象征父亲的权力和威严；梓木低矮，俯首向下，比喻儿子在父亲面前要卑顺。不能装傻不能装聋，就做不了婆婆公公，这是唐代宗劝郭子仪的话；得到父母亲的欢心才可以做人，顺乎父母亲的心意才是尽儿子的本分，这是孟子的教诲。

【原文】盖父愆，名为干蛊；育义子，乃曰螟蛉。生子当如孙仲谋，曹操羡孙权之语；生子须如李亚子，朱温叹存勖之词。

朱　温

【译文】掩盖父亲的过失，称为“干蛊”，这是根据《周易》“干父之蛊”的话；收养的儿子，称作“螟蛉子”，这是根据《诗经》上关于细腰蜂不能生子，以螟蛉（桑虫）之子为子的说法。生儿子应当像孙仲谋，这是曹操羡慕孙仲谋的话；生儿子应当像李亚子，这是朱温赞叹李存勖的话。

【原文】菽水承欢，贫士养亲之乐；义方是训，父亲教子之严。绍箕裘，子承父业；恢先绪，子振家声。

【译文】以豆为食，以水为饮，生活虽清苦，但能使父母欢乐；行事应该遵守规矩法度，是父亲严格教育儿子的准则。“绍箕裘”，讲的是儿子继承父亲的事业；“恢先绪”，讲的是儿子重振家族的声望。

【原文】具庆下，父母俱存；重庆下，祖父俱在。燕翼贻谋，乃称裕后之祖；克绳祖武，是称象贤之孙。

【译文】说“具庆”，表明父母都健在，说“重庆”，表明祖父母、父母都健在。替后代想好了办法，遗留给后代，乃称使后代富足的祖先；继承祖业，是效法先人贤德的子孙。

【原文】称人有令子，曰麟趾呈祥；称宦有贤郎，曰凤毛济美。弑父自立，隋杨广之天性何存？杀子媚君，齐易牙之人心何在？

【译文】称人有佳儿，说“麟趾呈祥”；称赞官场有贤德的人士，说“凤毛济美”。

杀死父亲自立为皇帝，隋炀帝还有一点人的本性吗？春秋时齐国易牙是齐桓公的宠臣，他善于烹调，曾杀了自己的儿子给齐桓公吃，讨主子的欢心，他还有一点人心吗？

【原文】　**分甘以娱目，王羲之弄孙自乐；问安惟点颔，郭子仪厥孙最多。和丸教子，仲郢母之贤；戏彩娱亲，老莱子之孝。**

【译文】把好吃的东西分给小孩来欢度眼前，这是王羲之弄孙自乐的话；问安只是点点头，这是郭子仪多子多孙的福分。唐代柳仲郢（yǐng，柳公绰之子）的母亲很贤慧，为了让儿子勤奋读书，曾配制了熊胆丸让儿子服用，以使其夜间读书有精神；春秋末年楚国的老莱子是古代著名的孝子，为了让年老的父母高兴，他穿上五彩斑斓的衣服，扮作婴儿游戏。

【原文】　**毛义捧檄，为亲之存；伯俞泣杖，因母之老。慈母望子，倚门倚闾；游子思亲，陟岵陟屺。**

【译文】东汉毛义接到任命他为安阳县令的公文（檄），高兴地去上任，友人张奉以为他是“利禄之徒”，后来毛义母亲去世，他立即辞官，张奉才明白毛义是为母亲高兴才去做官的；汉代韩伯俞，一次被母亲用杖殴打时哭了起来，母亲问他往日挨打不哭，今天为什么哭？他说，往日母亲打我很疼，今天却不疼，由此知道母亲年纪大了，身体不如以前了，所以才哭。战国时齐国大夫王孙贾的母亲曾对儿子说，“你早出晚归，我倚门而望，你晚上出去迟迟不归，我倚闾（里巷之门）　而望”，后来便用“倚门倚闾”，表示慈祥的母亲盼望子女归来的心情；《诗经》有“陟彼岵兮，瞻望父兮”，“陟彼屺兮，瞻望母兮”的诗句，意思是登上青山远望父亲，登上荒山远望母亲，后来便用“陟岵陟屺”表示远在他乡的游子思念亲人的心情。

【原文】　**爱无差等，曰兄子如邻子；分有相同，曰吾翁即若翁。长男为主器，令子可克家。**

【译文】对人的爱应当一视同仁，不能有差别，分等级，如孟子所说，有小儿爬到井边，不论是兄之子还是邻居之子，都应当去救助；长辈的名分应是相同的，项羽曾派人去威胁刘邦，如不退兵，就杀刘邦父亲煮汤喝，刘邦回答，我们曾相约为兄弟，我的父亲就是你的父亲，如果你定要杀咱们的父亲，请分我一碗汤，项羽终于未杀刘父。长子主管祭祀的礼器，能干的儿子可以管理家业。

【原文】 子光前曰充闾，子过父曰跨灶。宁馨英畏，皆是羡人之儿；国器掌珠，悉是称人之子。

【译文】 儿子能光大前人，叫作充闾，儿子超过父亲，叫作跨灶。“宁馨儿”（这样的孩子）是晋代山涛夸奖少年王衍的话，“英畏”是晋代温峤夸奖桓温（满周岁时）的话，后世常用来夸奖别人的小孩子；“国器”是形容春秋晋文公身边能人的话，“掌珠”是南朝梁代江淹对爱子的称谓，后世也常用这两个词称赞他人的儿子。

【原文】 可爱者，子孙之多若螽斯之蛰蛰；堪羡者，后人之盛如瓜瓞之绵绵。

【译文】 令人喜欢的是，子孙众多如螽斯一样后代成群，这是《诗经·螽斯》的形容；令人羡慕的是，后代繁盛像爬蔓上的大瓜小瓜一个连接一个，这是《诗经·绵》形容周王朝后代的话。

兄　　弟

【原文】 天下无不是的父母；世间最难得者兄弟。须贻同气之光，毋伤手足之雅。

【译文】 天下没有不对的父亲、母亲，人世间最难得的是哥哥弟弟。应当牢固地联结有血缘关系的同辈人的感情，不要伤害同一祖先的兄弟间的情谊。

【原文】 玉昆金友，羡兄弟之俱贤；伯埙仲篪，谓声气之相应。兄弟既翕，谓之花萼相辉；兄弟联芳，谓之棠棣竞秀。

【译文】 “玉昆金友”，称赞兄弟都是贤人，来源于南朝王铨、王锡兄弟二人被当时人称为“玉昆金友”（昆指兄弟）；“伯埙仲篪”，形容兄弟之间声气相通，来源于《诗经·何人斯》“伯氏吹埙，仲氏吹篪”（即老大吹埙，老二吹篪）。兄弟和谐相处，称之为花蒂和花同生一枝、相互生辉；兄弟接连荣耀，称之为棠棣竞相开放。

【原文】患难相顾，似鹡鸰之在原；手足分离，如雁行之折翼。元方季方俱盛德，祖太丘称为难兄难弟；宋郊宋祁俱中元，当时人员为大宋小宋。

【译文】兄弟患难与共，彼此顾恤，如同鹡鸰鸟，在平原上呼救；手足如果分离，就如同列阵的鸿雁，被人折断了翅膀。东汉陈实，曾任太邱长，他的两个儿子陈纪字元方，陈谌字季方，都是德高望众的名士，一次陈纪与陈谌的儿子争论谁的父亲好，让祖父评论，陈实说，"元方难为兄，季方难为弟"，意思是两人都好，难分上下；北宋的宋郊、宋祁兄弟二人同时中了进士，本来宋祁第一，宋郊第三，章献太后不许弟在兄前，改宋郊第一，宋祁第十，一时传为佳话，当时人称他们为"二宋"，世称大宋、小宋。

【原文】荀氏兄弟，得八龙之佳誉；河东伯仲，有三凤之美名。东征破斧，周公大义灭亲；遇贼争死，赵孝以身代弟。

周　公

【译文】荀氏兄弟，得到八龙的好声誉；河东兄弟，也有三凤的美名称。《诗经·豳风·破斧》诗，赞美周公东征的业绩，武王灭商后，派弟弟管叔鲜、蔡叔度监察纣王的儿子武庚所在的国家。武王死后，成王年幼，周公摄政，管叔与蔡叔挟持武庚起兵谋反，周公东征平定了这次叛乱；王莽末年，天下大乱，人相食，赵孝的弟弟赵礼被饿贼抓住要杀了吃肉，赵孝听到消息，便自己绑着来见群贼，说"礼久饿羸瘦，不如孝肥"，请贼放了弟弟吃自己，赵礼也争着说："是我遇到你们的，怎么能杀哥哥？"贼人深受感动，把他们兄弟全放了，后来用"兄肥弟瘦"表示兄弟情谊深厚。

【原文】煮豆燃箕，谓其相害；斗粟尺布，讥其不容。兄弟阋墙，谓兄弟之斗狠；天生羽翼，谓兄弟之相亲。

【译文】煮豆燃萁，是说兄弟间相互残害；斗粟尺布，是讽刺兄弟间不能相容。

《诗经·棠棣》有“兄弟阋（xì）于墙”（兄弟在墙里争斗）的诗句，后世用来形容兄弟纷争；唐玄宗在给诸兄弟的信中说，服用仙丹生出羽翼，哪如我们兄弟是天生的羽翼？后世常用“天生羽翼”表示兄弟之间相亲互助。

【原文】 姜家大被以同眠，宋君灼艾而分痛。田氏分财，忽瘁庭前之荆树；夷齐让国，共采首阳之蕨薇。

【译文】东汉姜肱与两个弟弟十分友爱，经常盖一床大被共卧；宋太祖赵匡胤的弟弟赵匡义得病，太祖亲自为他灼艾，匡义感到疼，太祖便取艾灼自己，以示分痛。隋朝的田真等三兄弟分家产，庭前的荆树忽然枯萎起来；伯夷、叔齐守义而不食周粟，共同采食首阳山的蕨薇充饥。

【原文】 虽曰安宁之日，不如友生；其实凡今之人，莫如兄弟。诗歌绰绰，圣训怡怡。

【译文】虽说安宁的日子，兄弟不如朋友；其实现在所有人中间，都不如兄弟之间那样亲密无间。这些都是《诗经·棠棣》的话。《诗经·角弓》有“此令兄弟，绰绰有余”的诗句，歌颂兄弟情谊深厚有余；孔子曾说过“兄弟怡怡”的话，希望兄弟之间关系和顺。

夫　妇

【原文】 孤阴则不生，独阳则不长，故天地配以阴阳；男以女为室，女以男为家，故人生偶以夫妇。阴阳和，而后雨泽降；夫妇和，而后家道成。

【译文】单独的阴就不会生育，单独的阳也不会生育，所以天地间的事物要用阴阳来相配合；男以女为妻，女以男为夫，所以生出男女配为夫妇。天地和，而后天气才能正常；夫妻和，然后家庭各种关系才会正常。

【原文】 夫谓妻曰拙荆，又曰内子；妻称夫曰藁砧，又曰良人。贺人娶妻，曰荣谐伉俪；留物与妻，曰归遗细君。

【译文】丈夫称妻子叫拙荆，又叫内子；妻子称丈夫叫藁砧，又叫良人。祝贺别人娶妻叫“荣谐伉俪”；《汉书·东方朔传》载，汉武帝赐肉给群臣，东方朔先割了一块拿回家去。皇帝令他自责。他说：“受赐不待诏，不算无礼；拔剑割肉，多雄壮啊；割之不多，多清廉啊；归遗细君，多仁义啊！”细君后成为妻的通称。把东西留给妻子，叫作“归遗细君”。

【原文】受室即是娶妻，纳宠谓人娶妾。正妻谓之嫡，众妾谓之庶。

【译文】“受室”就是娶妻，“纳宠”指人娶小妾。正妻称之为“嫡”，众多妾称之为“庶”。

【原文】称人妻曰尊夫人，称人妾曰如夫人。结发系是初婚，续弦乃是再娶。妇人重婚曰再醮，男人无偶曰鳏居。

【译文】称呼别人的妻子叫作“尊夫人”，称呼别人妾叫作“如夫人”。“结发”是指初次结婚，“续弦”是再次娶妻。女人再婚，称“再醮”，男子没有配偶，称“鳏居”。

【原文】如鼓琴瑟，夫妇好合之谓；琴瑟不调，夫妻反目之词。牝鸡司晨，比妇人之主事；河东狮吼，讥男子之畏妻。

【译文】《诗经》用“如鼓琴瑟”（两种乐器演奏得和谐），比喻夫妻和睦；“琴瑟不调”，是形容夫妻反目成仇的话。《尚书》用“牝鸡司晨”（母鸡报晓）来形容妇人主持家事或政事；苏轼用“河东狮吼”讽刺友人陈季常惧怕妻子。

【原文】杀妻求将，吴起何其忍心；蒸梨出妻，曾子善全孝道。张敞为妻画眉，媚态可哂；董氏对夫封发，贞节堪夸。

【译文】吴起是战国时名将，齐人攻鲁，鲁国欲用吴起为将，但又因他的妻子是齐国人而怀疑他，他便杀了妻子，以表示他和齐国没有什么关系，后用“杀妻求将”比喻为了追求名利而不惜做灭绝人性的事；孔子弟子曾参，对后母非常孝敬，因妻子给后母蒸梨不熟，便把妻子休了，这是尽孝道的做法。张敞为妻子画眉毛，谄媚的态度，受到后人的讥笑；董氏对着丈夫把头发封束起来，贞节的情操值得夸奖。

【原文】 冀郤缺夫妻相敬如宾，陈仲子夫妇灌园食力。不弃糟糠，宋弘回光武之语；举案齐眉，梁鸿配孟光之贤。

【译文】春秋晋国大夫臼季出使他国，经过冀邑，看到郤（xì） 缺在田里耕种，妻子给他送饭来，两人相敬如宾，臼季回国后便向晋文公推荐郤缺，晋文公让郤缺当了下军大夫；陈仲子是战国时齐国人，他认为他的哥哥食禄万钟是不义的事，便与妻子离开齐国到楚国居住，楚王让他当相，他不干，与妻子又逃走了，夫妻二人为别人家灌园，终身自食其力。东汉光武帝刘秀的姐姐湖阳公主成了寡妇，要嫁给宋弘，刘秀对宋弘说，“贵易交，富易妻，这是人之常情”。宋弘却回答，“我听说贫贱之交不可忘，糟糠之妻不下堂”。予以拒绝，由此后人把患难之妻称作糟糠；东汉梁鸿隐居避患，寄住在大户人家廊屋下，替人舂米，每次下工回家，妻子孟光侍候吃饭，将摆饭菜的盘子举到齐眉高处，表示恭敬。

【原文】 苏蕙织回文，乐昌分破镜，是夫妇之生离；张瞻炊臼梦，庄子鼓盆歌，是夫妇之死别。鲍宣之妻，提瓮出汲，雅得顺从之道；齐御之妻，窥御激夫，可称内助之贤。

【译文】苏蕙织回文诗，乐昌公主将镜子一分为二，这是夫妇的生离；张瞻做梦炊臼，庄子鼓盆歌唱，这是夫妇的死别。东汉鲍宣娶了老师的女儿为妻，老师给女儿很丰厚的陪嫁，鲍宣担心妻子出身富家，过不惯贫穷生活，但他的妻子过门后，马上换上粗布衣服，与鲍宣一起推车回家，拜见婆母后，就提着瓮去打水了，鲍宣的妻子很懂得顺从丈夫的道理；春秋齐国晏婴的车夫因为自己给相国赶车而洋洋自得，他的妻子对他说，“晏子身长才六尺，当了相国还很谦逊，你一个八尺汉子，替人家赶车，却趾高气扬，我为你害羞”。车夫听了果然有了改变，晏婴知道这事，推荐他当了大夫，这样的妻子才是丈夫的贤内助。

乐昌公主

【原文】 可怪者，买臣之妻，因贫求去，不思覆水难收；可丑者，相如之妻，夤夜私奔，但识丝桐有意。

【译文】最可怪的是，朱买臣的妻子，因为朱买臣贫穷而要求离去，后来朱买臣做了大官，又要求复婚，没有想到倾覆出去的水是难以收回来的；最可鄙的是，司马相如的妻子，深更半夜同相如私奔，只是觉得司马相如的琴音，有向她求婚之意。

【原文】**要知身修而后家齐，夫义自然妇顺。诗称偕老，易著家人。**

【译文】只有修养好自身的道德，才能治理好家庭；丈夫有为“夫”之道，妻子便会顺从。这都是《礼记》中的至理名言。《诗经》有《君子偕老》一篇，希望夫妻共同度过一生；《易经》有《家人》一卦，强调夫妇关系应当“正位”，丈夫与妻子各尽自己的义务。

叔　侄

【原文】**曰诸父，曰亚父，皆叔父之辈；曰犹子，曰比儿，俱侄儿之称。阿大中郎，道韫雅称叔父；吾家龙文，杨素比美侄儿。**

【译文】称诸父，称亚父，都是对同宗族伯叔辈的通称；称“犹子”，称“比儿”，都是侄儿的称呼。东晋才女谢道韫嫁给王羲之的儿子王凝之，心中不乐，叔父谢安问她为何不乐，她说丈夫的才华比不上自己的叔父辈“阿大中郎”和几个堂兄弟，阿大指谢尚，中郎指谢据；北朝杨昱（此处误作杨素）很赏识侄儿杨愔，说他是“吾家龙文”，龙文是古代西域名马之一，这话如同“我家千里驹”。

【原文】**乌衣诸郎君，江东称王谢之子弟；吾家千里驹，苻坚羡苻朗为侄儿。竹林叔侄之称，兰玉子侄之誉。**

王　导

【译文】东晋王导、谢安两大家族住在京城（今南京）乌衣巷，所以称两家子弟为“乌衣诸郎君”；前秦君主苻坚很为有苻朗这样的侄子而自豪，说他是“吾家千里驹”。三国魏末阮籍、嵇康、山涛、向秀、阮咸、王戎、刘伶七人相与友善，常宴集于竹林之下，号称“竹林七贤”，其中阮籍与阮咸是叔侄，后人也以竹林比喻叔侄关系；东晋谢玄曾说，子弟好比芝兰玉树，谁都想种在自家庭院阶下，后世便以“兰玉”作为称赞别人子侄的词语。

【原文】 **存侄弃儿，悲伯道之无后；视叔犹父，羡公绰之居官。卢迈无儿，以侄而主身之后；张范遇贼，以子而代侄之生。**

【译文】留着侄子，抛弃儿子，大家悲痛邓伯道的没有后人；对待叔叔好比对待父亲，羡慕柳公绰做官依然能够如此。唐朝卢迈娶妻无子，别人劝他纳妾，他说：“兄弟之子，如同自己的儿子，可以主持身后的事”；三国时魏国张范的儿子张陵及兄弟的儿子张戬被山东贼人抓去，张范亲自与贼交涉，贼把他的儿子还给了他，张范说，“人情虽爱其子，然而我可怜张戬年幼，请以张陵换他”，贼人感到他讲义气，把儿子和侄儿都还给他。

【原文】 **谢密能成佳器，刘孺可号明珠。或献泛湖之图，称招隐之寺。**

【译文】谢密定能成为佳器，刘孺可以号称名珠。陈世修在他叔叔陈执中过生日时，献上一幅《范蠡泛五湖图》，陈执中当天便辞去官职；唐李约在他叔父李锜面前，极力称赞招隐寺的野景，劝他不要贪恋权势，李锜只是笑笑而已，后遇叛乱，李锜被杀。

【原文】 **陆家精饭，何损素风；杨氏铜盘，独逾诸子。谢安石东山之费，阮仲容北道之贫。**

【译文】东晋陆纳生活俭朴，一次谢安来访，侄子陆俶（chù）未请示他便摆了精饭美菜待客，事后他怪罪侄子败坏了家风，打了四十板，其实侄子只是表示对客人的殷勤，并无大错；北朝杨愔年幼时，庭中李子落地，小孩子们争着去捡，唯杨愔不动，叔父杨玮特别赞赏，给他在竹林中专设一屋，用铜盘盛美食给他一个人吃，并对其他孩子们说，谁能像杨愔一样，也会得到同样的待遇。谢安石居住在东山时十分奢移，阮仲容居住在道北非常贫穷。

【原文】　可为都督，王浑预评犹子之词；必破吾门，宗炳先料比儿之语。愚者宜归葱肆，贤者得返金刀。

【译文】晋代王浚少年时不被亲族重视，叔父王浑说，你们不可小看他，太平时期他的官不会小于州官太守，乱世他可以做都督三公，后来王浚确实做了幽冀都督；南朝宋人宗炳问侄子宗悫（què）的志愿，他说，愿乘长风破万里浪，宗炳说，"你不富贵，必破我家"，意思是说他如果做不成大官，就会将家族败坏，后来宗悫做了左将军。南朝吕僧珍做了南兖州刺史，回家省亲时，有个卖葱的侄子向他求官，他让这个侄子赶快回铺子里去卖葱，这是对愚蠢的子侄最适当的安排；十六国南燕开国皇帝慕容德起兵离家时，将一把金刀交给母亲公孙氏，公孙氏临终时将金刀交给慕容德的十岁的侄子慕容超，并说，当天下太平时，你将金刀交给你叔父，后来慕容超找到叔父，交还了金刀，被叔父立为太子，以后又继承了帝位，这说明贤能的子侄一定会有出息。

师　生

【原文】　马融设绛帐，前授生徒，后列女乐；孔子居杏坛，贤人七十，弟子三千。称教馆曰设帐，又曰振铎；谦教馆曰糊口，又曰舌耕。师曰西宾，师席曰函丈；学曰家塾，学俸曰束脩。桃李在公门，称人弟子之多；苜蓿长阑干，奉师饮食之薄。

【译文】马融布设红色帷帐，前面向学生、徒弟传授学业，后面陈列女乐演唱；孔子在杏坛地方聚徒讲学，学生中贤人有七十个，一般的弟子有三千人。振铎意为鸣铃，引申为从事教职的代称。舌耕即指旧时学者授徒，靠口说谋生，像农夫耕田得粟，故称舌耕。西宾又称西席。古代宾主相见，以西为尊，主东而宾西。后来用以称呼家塾老师或官府幕职。师席即古时老师的座位。函丈，后专指席间相距一丈，以便于互相讲问，

孔子授徒

以后指师席。束脩本意为干肉。后专指给老师的酬金。唐朝狄仁杰曾向朝廷举荐了数十人，都成了名臣，当时人对狄仁杰说，“天下桃李，悉在公门”，后来常用“桃李在公门”称人学生众多；唐玄宗时，薛令子教太子读书，曾写诗抱怨生活清苦，其中有“盘中何所见，苜蓿长阑干（纵横之意）”的话，后来常用来形容给老师的饮食粗劣。

【原文】　冰生于水而寒于水，比学生过于先生；青出于蓝而胜于蓝，谓弟子优于师傅。未得及门，曰宫墙外望；称得秘授，曰衣钵真传。

【译文】冰生自水却比水寒冷，比喻学生胜于先生；青出于蓝而胜于蓝，是称徒弟超过师傅。没有登门拜师学习，叫宫墙外望；称得到秘决传授，叫衣钵真传。

【原文】　人称杨震为关西夫子，世称贺循为当世儒宗。负笈千里，苏章从师之殷；立雪程门，游杨敬师之至。

【译文】东汉杨震通晓经书，他是华阴人，华阴在函谷关以西，所以人们称他为“关西夫子”（夫子指孔子）；晋代贺循精儒家经典，朝廷遇到难题都请教他，他按经书、礼仪一一答复，当时人们称他为“当世儒宗”，即当代儒家宗师。汉代的苏章背书箱行千里，足见从师心情的殷切；宋代杨时与游酢（人名）一日见理学大师程颐，时值大雪，程颐偶瞑目而坐，二人侍立未去，待程醒来，门外已雪深一尺，后人以“程门立雪”为尊师的典故。

【原文】　弟子称师之善教，曰如坐春风之中；学业感师之造成，曰仰沾时雨之化。民生在三，师术有四。

【译文】宋代朱光庭为程门弟子，他在汝川听了程颢的讲学，回家后对人说“光庭在春风中坐了一月”。后人称得到老师好的教诲叫“如坐春风”；孟子说，君子教人有五种方式，其一是“有如时雨化之者”，用以感谢老师在学业上的栽培，常说“仰沾时雨之化”。《国语》说，“民生于三，事之如一：父生之，师教之，君食之”；荀子说，有四种人（或条件）方可为师：一是有尊严令人起敬；二是年长而诚实守信；三是学而能用，言行一致；四是有较高深的学识而又能解说出来的。

【原文】 **执经问义，事若严君；鼓箧担囊，不辞曲士。史居左，经居右，士得真修；道已南，易已东，人沾教泽。**

【译文】学生拿看经书，请问疑义，对待先生好像对待严父；先生开设学馆教授生徒，就是乡里人士也不肯拒收。宋代哲学家张载教授门徒，学史的在左边，学经的在右边，都能学到真知；宋代杨时从程颢学习，临别时程颢说，我的学说要传到南方了，西汉丁宽从田何学《易经》，当他东归时，田何说，易学已转到东方了，学术中心的转移，使更多的人受到教益。

【原文】 **赐宴月池之上，翼赞堪夸；诵书帷帐之中，烽烟奚避。忠臣录、孝子录，纲常互振；经义斋、治事斋，体用兼全。**

【译文】李世民当皇帝后在月池宴请从前的老师张后胤(yìn)。太宗问："今日弟子如何？"张说："从前孔子门人三千，没有封爵的，今臣赞翼（辅助）一人，乃王天下，计臣之功过于孔子。"东汉张奂出使匈奴，遇到兵变，他的住处附近烽烟相望，属下士兵都想逃亡，张奂却稳坐帷帐中，与诸弟子诵书，军士们也都安定了。宋代曾巩教授生徒时有《忠臣录》《孝子录》等课程，以忠孝纲常为重；宋代胡瑗在教授生徒时，创造了较完善的方法，如立有"经义""治事"等斋，体现了理论和应用结合的思想。

【原文】 **东道之外更无丘，道德由文章炫出；北斗以南应有杰，事功从学术做来。边孝先便便大腹，曾见嘲于弟子；韩退之表表高标，宜共仰于吾儒。**

韩 愈

【译文】相传孔子的西邻不知道孔子是圣人，称他为"东家丘"，殊不知除了他家东邻那位孔丘，再没有谁可以称为圣人，圣人的崇高道德是通过他的文章著述体现出来的；唐代狄仁杰精通诗书，人品出众，当时人赞美他"北斗以南，一人而已"，他后来做了宰相，功勋卓著，可见没有知识和学问，就做不出一番大事业。东汉边韶字孝先，教授几百名学生，一次他白天打瞌睡，有的学生作歌嘲笑他："边孝先，腹便便，懒读书，但欲眠"，边孝先也作歌回答说自己肚子里装满经书，睡觉能梦见周公，令嘲笑他的人很惭愧；唐代韩愈字退之，人品学问都高不可攀，被历代儒生尊崇为泰山北斗。

【原文】 应生独举官衔，岂事先生之礼；李固不矜文爵，乃称弟子之良。

【译文】 应劭想拜郑玄为师，特别举出自己的官衔，这怎么是侍奉老师的礼节；李固能够不夸耀父亲的官爵，才称得上是优良的学生。

朋友宾主

【原文】 取善辅仁，皆资朋友；往来交际，迭为主宾。尔我同心曰金兰，朋友相资曰丽泽。

【译文】 孔子提倡“择善而从”“以友辅仁”，讲的是如何依靠朋友；孟子谈到朋友间往来交际是“迭为主宾”，即轮流做主人接待友人。你我同心，叫作金兰；朋友互相咨问，叫作丽泽。

【原文】 东家曰东主，师傅曰西宾。父所交游，尊为父执；己所共事，谓之同袍。

【译文】 古制主位在东，宾位在西，因此家塾主人称“东主”，被聘的教师称“西宾”。对与父亲交往的人就像对待父亲一样；同自己共事的人，叫作“同袍”，即同穿一件战袍的战友。

【原文】 心志相孚曰莫逆，老幼相交曰忘年。刎颈交，相如与廉颇；总角好，孙策与周瑜。

【译文】 彼此互相信任，叫作莫逆；老年人和年幼之人交朋友，叫作忘年。战国时赵国的宰相蔺相如和将军廉颇，经过一段磨擦，终于和好，成为“刎颈之交”，即共生死、共患难的朋友；三国时孙策与周瑜共同创立了吴国，孙策说他们是“总角之好”，即从头发梳成羊角状的孩童时代就是好朋友。

【原文】 雷义之与陈重，胶漆相投；元伯之与巨卿，鸡黍之约。与善人交，如入芝兰之室，久而不闻其香；与恶人交，如入鲍鱼之肆，久而不闻其臭。

【译文】东汉陈重与雷义二人少年就是朋友，举孝廉和茂才之时，互相推让，后来都举了茂才，乡里人说："胶漆自谓坚（牢固），不如雷与陈"；东汉范式（字巨卿）、张邵（字元伯）二人在太学结为好友，后各归故里，临别范式对张邵说："二年后回来，当到家相访。"至期，张邵事先具鸡黍相候，范式果然按期到来。与善良的人交往，如同进入了有芝兰的房子，时间长了闻不到它的芳香味；与恶毒的人交往，如同进入了卖咸鱼的市场，时间长了，闻不到它的臭味。

【原文】**肝胆相照，斯为心腹之友；意气不孚，谓之口头之交。彼此不合，谓之参商；尔我相仇，如同冰炭。**

【译文】"肝胆相照"，即朋友之间真心实意，这才称得上是心腹之友；"意气不孚"，即志趣不同，只能叫口头上的朋友。相互之间合不来，称之"参商"（参与商是两颗星，参在西，商在东）；你我互相仇恨，好比"冰炭"，互不相容。

【原文】**民之失德，乾糇以愆；他山之石，可以攻玉。落月屋梁，相思颜色；暮云春树，想望丰仪。**

【译文】《诗经》讲朋友交往的《伐木》篇说，"民之失德，乾糇以愆"。意思是当人们的道德观念变坏时，朋友间会因为干粮之类的小事造成误会；《诗经》的《鹤鸣》篇有"他山之石，可以攻玉"（攻玉即加工成玉器）的话，是说可以借助别人，帮助自己改正错误。月亮的光辉射落在屋梁上面，思念着朋友的容貌；江东日暮时的云彩，渭北春天的树木，想念朋友的丰神仪态。

【原文】**分首判袂，叙别之辞；拥彗扫门，迎迓之敬。王阳在位，贡禹弹冠以待荐；杜伯非罪，左儒宁死不徇君。**

【译文】"分首"（两人的头离开）、"判袂"（衣袖不再相连），都是表示朋友告别的词语；拥彗（拿起扫帚）扫门（清扫门庭），是迎接客人的行动，常用来表示欢迎客人到来的敬意。王阳在位做官了，贡禹就把帽子弄干净来等待着他荐举；杜伯没有罪却要被杀害，左儒宁肯死也不顺从国君的滥用刑罚。

【原文】 陆凯折梅逢驿使，聊寄江南一枝春；王维折柳赠行人，遂唱阳关三叠曲。频来无忌，乃云入幕之宾；不请自来，谓之不速之客。

王　维

【译文】陆凯与范晔是好朋友，陆凯遇到去长安的驿使（信使），折下一枝梅花，托信使带给远在长安的范晔，报道江南春天消息；唐代大诗人王维在柳色青青时节送友人去安西，写下“劝君更尽一杯酒，西出阳关无故人”的名句，这首诗后来被谱成名曲《阳关三叠》。没有顾忌经常来的客人，乃称“入幕之宾”；不请自己来的客人，称为“不速之客”。

【原文】 醴酒不设，楚王戊待士之意怠；投辖于井，汉陈遵留客之心诚。蔡邕倒屣以迎宾；周公握发而待士。

【译文】西汉楚元王与穆生是好友，穆生不嗜酒，元王每次宴会都特地为他备醴酒，后来楚王戊即位，宴会不备醴酒，穆生说大王待我的心意不如以前了，我应当走了；西汉陈遵非常好客，每次宴请客人都关上大门，把客人车轴上的插销投入井里，诚心留住客人。东汉蔡邕迎接客人着急，出门把鞋穿倒了；周公正在洗发时来了客人，周公握着头发去迎接。

【原文】 陈蕃器重徐穉，下榻相延；孔子道遇程生，倾盖而语。伯牙绝弦失子期，更无知音之辈；管宁割席拒华歆，谓非同志之人。

【译文】东汉陈蕃器重隐士徐穉，把吊着的榻放下来接待他；孔子在路上遇见程生，停车后两车的盖子连接起来，说个不停。伯牙断绝琴弦，因为失掉了钟子期，认为再也没有知音了；管宁割开坐席拒绝华歆同坐，认为他不是志同道合的人。

【原文】 分金多与，鲍叔独知管仲之贫；绨袍垂爱，须贾深怜范叔之窘。要知主宾联以情，须尽东南之美；朋友合以义，当展切偲之诚。

【译文】春秋时齐桓公之相管仲曾说，当年与鲍叔一同经商，分钱时自己拿多的一份，鲍叔并不认为我贪心，因为他知道我家贫；战国时范雎曾替魏国大夫须贾办事，遭须贾陷害，险些丧命，逃到秦国被用为相，须贾出使秦国，范雎穿上破烂衣服去见须贾，须贾可怜他困窘，脱下绨袍送给他，后来须贾知道范雎已为秦相，跪下请罪，范雎因须贾赠袍还有点朋友之情，才饶过须贾。应当知道，要想主人宾客感情融洽，那么就应像王勃《滕王阁序》中所说的“宾主尽东南之美”，即大家都是东南的名流；朋友之间交往要合乎道义，那么就应当像孔子说的那样“朋友切切偲偲(sī)”，即以诚相待，尽心尽力。

婚　姻

【原文】　**良缘由夙缔，佳偶自天成。蹇修与柯人，皆是媒妁之号；冰人与掌判，悉是传言之人。**

【译文】好姻缘由前生注定；好夫妻为上天作合。“蹇(jiǎn)修”与“柯人”，都是媒人的代称；“冰人”与“掌判”，都是为男女双方传话的人，也就是媒人。

【原文】　**礼须六礼之周，好合二姓之好。女嫁曰于归；男婚曰完娶。**

【译文】按古代礼仪，操办婚事男方必须完成“六礼”，即六个礼仪程序，这样才能办好联结两家为亲戚的好事。这“六礼”是：一纳采(备礼求婚)，二问名(问女方名字)，三纳吉(占卜得吉兆后，备礼通知女家)，四纳征(送聘礼)，五请期(商定婚期)，六亲迎(新郎到女家接新娘)。女子出嫁，称为“于归”；男子结婚，称为“完娶”。

【原文】　**婚姻论财，夷虏之道；同姓不婚，周礼则然。女家受聘礼，谓之许缨；新妇谒祖先，谓之庙见。**

【译文】婚姻讲究财产，这是异族人的坏习惯；同姓不能结婚，周礼就是这样规定的。古代礼俗，女子许嫁要戴“缨”，即香囊，表示已有所属，因此，称女家接受聘礼为“许缨”；新娘到丈夫家，次日天明拜见丈夫的父母，如果二老已死，就在三月后到夫家的家庙中参拜，称为“庙见”。

【原文】文定纳采，皆为行聘之名；女嫁男婚，谓了子平之愿。聘仪曰雁币，卜妻曰凤占。

【译文】“文定”（定婚）、“纳采”（男方送求婚礼品），都是行聘的名目；东汉向子平，儿女婚嫁完毕，他就不管家事，出外游名山大川，所以称儿女婚嫁完毕为“子平愿了”。古时行聘礼要用雁，所以下聘的礼物也叫雁币；春秋时齐国大夫懿仲想把女儿嫁给陈敬仲，占卜得到“凤凰于飞，和鸣锵锵”的卦辞，所以后世将预定婚姻为“凤占”或“卜凤”。

【原文】成婚之日曰星期，传命之人曰月老。下采即是纳币，合卺系是交杯。

【译文】男女双方结婚的日子称为“星期”，星期本指七月初七，即牛郎星与织女星相会的日子，借用来称男女成婚的日子；为男女双方传话的人即媒人，又称作“月老”，古代传说，月下老人在将成夫妻的脚上系上红绳，所以媒人称“月老”。“下采”就是“纳币”即“纳征”，这是纳吉之后，夫家送聘礼，女家受礼复信，婚姻确定；“合卺(jǐn)”就是新郎新娘共饮交杯酒，卺是古代婚礼用的酒器，将个葫芦劈成两半各为一杯，新婚夫妇各执一杯饮酒，称“合卺”。

【原文】执巾栉，奉箕帚，皆女家自谦之词；娴姆训，习内则，皆男家称女之说。绿窗是贫女之室，红楼是富女之居。

【译文】执持巾栉，承奉箕帚，都是女子自己谦虚的词语；通晓“姆训”，熟习《内则》，都是男家称赞妻子的说。绿色的窗户是贫穷女子的房屋；红楼是富贵女子的居室。这话取自唐代白居易诗：“绿窗贫家女，衣上无珍珠。红楼富家女，金缕绣罗襦。”

【原文】桃夭谓婚姻之及时，摽梅谓婚期之已过。御沟题叶，于佑始得宫娥；绣幕牵丝，元振幸获美女。

【译文】《诗经》中《桃夭》一诗，用鲜美的桃花形容出嫁的女子，所以后世用“桃夭”表示男女在青春年华及时成婚；《诗经》里有《摽有梅》一诗，诗中用梅子熟透坠落比喻女子已过结婚的年龄，所以后世用“摽梅”表示错过了结婚的年龄。唐末宫女韩翠萍在皇宫水沟边拾一片红叶，于是题诗一首，放在水上让其漂出宫外，被读书人于佑得到，于佑也在树叶上题诗放水中流入宫内，被韩女得到，后来宫中放宫女出嫁，经丞相韩泳撮合，二人结为夫妻；唐代宰相张嘉贞选了郭元振为女婿，让五个女儿各牵一条丝线站在绣幕后，让郭元振去牵一根，结果他得到三女儿为妻。

【原文】 **汉武与景帝论妇，欲将金屋贮娇；韦固与月老论婚，始知赤绳系足。朱陈一村而结好，秦晋两国以联姻。**

【译文】汉武帝刘彻四岁时，姑母和他谈及娶妻之事，他说如娶到姑母的女儿阿娇，就将建一座金屋将她藏在里边；唐人小说中写韦固夜间经过宋城，见一老人对月翻书，说此书是婚姻簿，老人有一个装红线绳的口袋，老人说把男女的脚用红线绳系起来，他们就会成为夫妻。唐代徐州古丰县有个朱陈村，村中只有朱陈两姓，两姓人家世代都通婚结亲；春秋时秦晋两国世代联姻，所以后世称两家联姻为结“秦晋之好”。

汉武帝刘彻

【原文】 **蓝田种玉，雍伯之缘；宝窗选婿，林甫之女。架鹊桥以渡河，牛女相会；射雀屏而中目，唐高得妻。**

【译文】种下菜籽得到白玉，杨雍伯因此得到良缘；墙上开暗窗来选择夫君，这是李林甫的女儿。古代神话，牛郎与织女被王母隔在天河两边，每年七月初七，喜鹊搭成桥让他们渡过天河相会；隋朝窦毅女儿，人才出众，他在屏风上画了两只孔雀，并说谁射中孔雀眼睛就选谁做女婿，李渊两箭射中两眼，得到窦毅女儿为妻，李渊就是后来的唐高祖。

【原文】 **至若礼重亲迎，所以正人伦之始；诗首好逑，所以崇王化之原。鱼水合欢，情款密；丝萝有托，意甚绸缪。**

【译文】至于说古代对于礼仪，特别看重“亲迎”，即新郎去接新娘，这是因为婚姻是人类延续的基础；《诗经》第一篇《关雎》讲的是“君子好逑”，这是因为尊崇婚姻是尊崇君王教化的根本。夫妻和美，常用“鱼水合欢”来形容极为亲密；形容夫妻相依为命，常用“丝萝有托”来表明情意缠绵，难分难舍。

【原文】 牵乌羊以为礼，自是古风；选碧鸐以成婚，正为佳匹。因亲作配，温峤曾下镜台；从简去华，仲淹欲焚罗帐。

【译文】南朝宋人孔淳之为儿子办婚事，用黑羊拉车装着酒壶作为聘礼，有人认为礼太薄了，他说这是“农夫田父之礼”，是古代风习；唐代润州刺史韦诜的女婿裴宽长得瘦而长，穿着碧绿色衣服，族人笑话他像个“碧鸐雀”，韦诜说不能以貌取人，和我女儿正好匹配。因着亲戚关系做成婚配，温峤曾经以镜台作为聘礼；从简俭不要豪华，范仲淹想焚烧丝绸的帐幔。

【原文】 刘景择婚杜广，厩卒何惭；挚恂定配马融，门徒有幸。义重恩深，楚女因婚报德；情孚意契，汉君指腹联姻。

【译文】五代前赵殷州刺史杜广当年在刘景马厩中养马，刘景发现他是个人才，并把女儿嫁给他，并不嫌他是个马厩役卒；东汉马融从挚恂学习儒学，挚恂将女儿许配给他，他成为最荣幸的学生。救命的恩义深重，楚国国君的女儿因借结婚来报答恩德；情意诚挚投合，汉朝皇帝于是跟贾复指腹结亲。

【原文】 贫乏奁仪，吴隐之婢卖犬；婚皆贤士，元叔之女乘龙。俊逸裴航，蓝桥捣残玉杵；风流萧史，秦楼吹彻琼箫。

【译文】东晋吴隐之，为官廉洁清贫，女儿出嫁缺少陪嫁，让婢女卖狗换钱来置办嫁妆；东汉太尉桓焉字叔元，他的两个女婿李膺和黄尚都是出名的人物，当时人说他得到龙作为女婿。唐朝人写的小说中，美少年裴航得到仙人的指引，到蓝桥驿遇到美女云英并向她求婚，云英母亲提出要一副捣药的玉杵臼的条件，裴航千辛万苦得到玉杵臼，并捣药百日，终于与云英成亲，最终成仙；萧史是春秋秦国人，善吹箫，得到秦穆公女儿弄玉的爱慕，后来两人结婚并在秦楼上吹箫学凤凰鸣声，招来凤凰，二人随凤凰飞去成仙。

妇　女

【原文】男子秉乾之刚，女子配坤之顺。贤后称女中尧舜，烈女称女中丈夫。

【译文】男子秉性属阳刚，女子秉性属阴柔。贤明的皇后，被称作女中尧舜；刚烈的女子，被叫作女中丈夫。

【原文】曰闺秀，曰淑媛，皆称贤女；曰阃范，曰懿德，并美佳人。妇主中馈，烹治饮食之名；女子归宁，回家省亲之谓。

【译文】闺秀、淑媛，都是用来称赞贤德美貌的女子；阃范，懿德，是用来赞美品德超群的女子。“中馈”指的是妇女在家主持饮食之类的事情；“归宁”指的是女子出嫁后回娘家探亲。

【原文】何谓三从？从父、从夫、从子；何谓四德？妇德、妇言、妇工、妇容。周家母仪，太王有周姜、王季有太妊、文王有太姒；三代亡国，夏桀以妹喜、商纣以妲己、周幽以褒姒。

周姜孝事

【译文】什么叫“三从”？即女子在娘家服从父兄，出嫁服从丈夫，丈夫死了服从儿子；什么叫“四德”？即品德贤淑，言语恭敬，女工精细，容貌端庄。周王朝中可成为天下妇人表率的后妃是：太王的妃子周姜、王季的妃子太妊、文王的妃子太姒；使三个朝代亡国的女子是：夏桀的妃子妹喜、商纣的妃子妲己、周幽王的妃子褒姒。

【原文】兰蕙质、柳絮才，皆女人之美誉；冰雪心、柏舟操，悉霜妇之清声。女貌娇娆，谓之尤物；妇容妖媚，实可倾城。

【译文】“兰蕙质”“柳絮才”，都是用来赞誉气质高雅、才学出众的女子的；“冰雪心”“柏舟操”，都是颂扬立志守节的寡妇的。女子相貌美好，被称作“尤物”，妇人面容俊美，的确可以“倾城”。

【原文】**潘妃步朵朵莲花，小蛮腰纤纤杨柳。张丽华发光可鉴，吴绛仙秀色可餐。**

【译文】潘妃走路，步步生朵朵莲花；小蛮跳舞，腰细像纤纤的杨柳。南朝陈后主的妃子张丽华，头发光泽可以照人；隋炀帝用“秀色可餐”来形容宠妃吴绛仙，即美色可以使人忘记饥饿。

【原文】**丽娟气馥如兰，呵气结成香雾；太真泪红于血，滴时更结红冰。孟光力大，石臼可擎；飞燕身轻，掌上可舞。**

【译文】丽娟吹出来的气味好像兰花的芳香，呵到的地方便结成了香雾；太真的眼泪比血还要红，滴出来的时候就结成了红的冰块。东汉梁鸿的妻子孟光力大无比，能把石磨举起来；西汉成帝的妃子赵飞燕身轻如燕，能在人的手掌上跳舞。

【原文】**至若缇萦上书而救父、卢氏冒刃而卫姑，此女之孝者；侃母截发以延宾、村媪杀鸡而谢客，此女之贤者。韩玖英恐贼秽而自投于秽，陈仲妻恐陨德而宁陨于崖，此女之烈者；王凝妻被牵断臂投地、曹令女誓志引刀割鼻，此女之节者。**

【译文】汉代给皇帝写信救出了犯罪的父亲的缇萦，唐代面对夜里持刀闯入家中的强盗冒死保护婆婆的卢氏，这都是孝顺的女人；晋代剪掉头发卖钱款待客人的陶侃的母亲，汉代给汉武帝解围并杀鸡来招待他的老妇人，这都是贤慧的女人。唐代的韩玖英遇到强盗，担心被侮辱就跳进粪坑，唐代陈仲的妻子遇战乱，宁愿跳崖而以死保清白，这都是坚贞的女子；五代人王凝的妻子因手臂被人牵过，便用斧子将手臂砍去，三国时曹文叔的妻子，在丈夫死后将自己鼻子割掉，用以表明不嫁的决心，这都是刚烈的女子。

【原文】**曹大家续完汉帙、徐惠妃援笔成文，此女之才者；戴女之练裳竹笥、孟光之荆钗布裙，此女之贫者。柳氏秃妃之发、郭**

氏绝夫之嗣，此女之妒者；贾女偷韩寿之香、齐女致祆庙之毁，此女之淫者。

【译文】汉代人称曹大家（姑）的班昭，她替兄班固续完了《汉书》，唐代徐坚的女儿徐惠，被太宗封为贤妃，她提笔就能写成文章，这都是有才华的女子；东汉隐士戴良的女儿个个贤慧，出嫁时只穿素色衣服，用竹箱装衣服，汉代梁鸿的妻子孟光用荆条作钗，穿着粗布衣服，这都是贫穷的女子。唐代尚书任瑰的妻子柳氏，因皇帝赐给丈夫两个宫中的美女，发誓要揪光她们的头发，晋代贾充的妻子郭氏因怀疑贾充与乳母私通，便连杀两个乳母，贾充的两个儿子都因想念乳母而死，因此断绝了丈夫的子嗣，这都是妒悍的女人；贾充的女儿相中了父亲的属官韩寿，把皇帝赐给贾充的外国异香送给了他，北齐的公主幼时常与乳母陈氏的儿子在一起玩玉环，后来两人长大了，乳母的儿子被禁止入宫进宫，公主想念幼时的朋友，约陈氏子元旦到祆庙相会，因去迟了造成误会，致使陈氏子放火烧了祆庙，这都是淫乱的女子。

【原文】东施效颦而可厌，无盐刻画以难堪，此女之丑者。自古贞淫各异，人生妍丑不齐，是故生菩萨、九子母、鸠盘茶，谓妇态之变更可畏；钱树子、一点红、无廉耻，谓青楼之妓女殊名，此固不列于人群，亦可附之以博笑。

【译文】东施因为仿效西施皱眉头所以令人生厌，无盐貌丑，即使画出来也让人难以悦目，这是妇女中丑的。自古以来女人就有贞洁、淫乱之分，人有美丽、丑陋的变化，所以“生菩萨”“九子母”“鸠盘茶”，是对女人一生形态的形象描绘，这些变化是令人生畏的；“钱树子”“一点红”“无廉耻”，是青楼妓女的别名，这些女子都不配把她们列入人群中，附带写上博得人们一笑罢了。

外　戚

【原文】帝女乃公侯主婚，故有公主之称；帝婿非正驾之车，乃是驸马之职。郡主县君，皆宗女之谓；仪宾国宾，皆宗婿之称。

【译文】皇帝的女儿出嫁时由公侯主婚，所以称作公主；皇帝的女婿在天子出行时，只能坐侍从车辆，所以称为驸马。郡主、县君，都是对与天子同姓的诸侯之女的称谓；仪宾、国宾，都是对天子同宗的女子的丈夫的称呼。

【原文】旧好曰通家，好亲曰懿戚。冰清玉润，丈人女婿同荣；泰山泰水，岳父岳母两号。

【译文】有几代的交情，叫“通家”；一门好亲戚，叫“懿戚”。“冰清玉润”，形容丈人、女婿同样享有盛名；“泰山泰水”，是岳父、岳母的另一种称呼。

【原文】新婿曰娇客；贵婿曰乘龙。赘婿曰馆甥，贤婿曰快婿。

【译文】新成婚的女婿，叫“娇客”，乘心如意的女婿，被称为“乘龙”。男方到女方家成婚，叫“馆甥”；有贤德的女婿，叫“快婿”。

【原文】凡属东床，俱称半子。女子号门楣，唐贵妃有光于父母；外甥称宅相，晋魏舒期报于母家。

【译文】只要是女婿，都叫作半个儿子。唐代杨贵妃得宠后，使父母脸上生辉，使家族门庭显赫，被称作家族的“门楣”；三国人魏舒，少年时住在外祖宁氏家，一次相宅的人说：“此宅当出贵甥”，魏舒当即表示一定为外公家实现这个预言。

【原文】共叙旧姻，曰原有瓜葛之亲；自谦劣戚，曰忝在葭莩之末。大乔小乔，皆姨夫之号；连襟连袂，亦姨夫之称。

【译文】姻亲们在一起叙旧时，说早就有像瓜与葛这样互相牵连的亲属关系；自谦是无能的亲戚，就说自己很不起眼，如同那芦苇膜一样。“大乔小乔”，都是用来称呼姨夫的；“连襟连袂”，也是用来称呼姨夫的。

二乔

【原文】蒹葭依玉树，自谦借戚属之光；茑萝施乔松，自幸得依附之所。卢李之亲，苏程之戚。

【译文】谦称自己借了亲戚的光，就用芦苇靠在槐树上来形容；用茑与蔓攀缠在松柏上，来形容自己幸亏有了依托。卢纶和李益是内兄弟的亲戚，苏轼和程德孺是表兄弟的亲戚。

【原文】**王茂弘呼何充以麈尾，杨沙哥引崔嫂以油幢。林宗贷钱，宁以贫穷为病；彦达分秩，不将富贵自私。**

【译文】晋朝丞相王导用拂尘招呼内弟何充，让何充同他共坐在床上，表示对他的器重；唐朝人杨沙哥带着妻子崔氏镇守东川时，妹夫白居易写了一首诗，其中两句是："何以沙哥引崔嫂，碧油幢引向东川。"来和他们开玩笑。郭林宗向人借钱，怎么能因他贫穷就认为是他的毛病呢！庾彦达把一半的俸禄分给姊姊，真难得能够不把钱财看作自己私有的。

【原文】**直卿果重亲情，相邀会食；潘岳能敦戚谊，每令弹琴。中子执内弟之丧，行冲称外家之宝。**

【译文】黄直卿是南宋理学家，他十分注重亲情，每年正月初十都邀请众弟兄聚餐娱乐；晋人潘岳同内兄阮瞻情谊深厚，每次相聚，阮瞻都为他弹琴，从早到晚，从不感到厌倦。隋朝大儒王通在内弟的丧期，按礼仪不饮酒，不吃肉，在别人眼中，他的做法有些太过；唐代著名儒者元行冲，称赞表兄弟的儿子是外家的珍宝。

【原文】**骑驴以追姑婢，仲容不顾居丧；披扇而笑老奴，温峤自为媒妁。介妇冢妇，不敢并行；先生后生，原为同出。**

【译文】阮仲容骑着驴子去追赶姑母的婢女，完全不念及自己正处在母亲的丧期之中；温峤披开纱扇来笑老奴，这是他自己替自己做媒。"介妇冢妇"是不能平起平坐的；"先生后生"，原本都是嫁给同一个丈夫。

【原文】**智能散宝，为侄弃军；兆卜张弧，因姬遣嫁。聂政非无贤姊，屈平亦有女嬃。**

【译文】吕禄因为侄儿把兵权交了出去，就把珠宝扔在了地上；晋献公想把女儿伯姬嫁到秦国，占卜吉凶，却得了"先张之弧"这样不吉利的预兆。聂政有一个贤德的姐姐，屈原也有贤德的姐姐名叫女嬃。

【原文】 莫嫌萧氏之姻，宜学郝家之法。

【译文】 不要像武则天那样，嫌弃女儿的婆家有萧氏这样不是贵族的姻亲；应当学习晋人王浑的妻子与弟媳，妯娌间不分贫富都能和睦相处的家风。

老幼寿诞

【原文】 不凡之子，必异其生；大德之人，必得其寿。称人生日，曰初度之辰；贺人逢旬，曰生申令旦。

【译文】 不平凡的儿子，出生之时必有异象；品德高尚的人，他的寿命一定很长。称呼别人的生日，叫作“初度之辰”；他人年龄逢十的生日，祝贺时称为“生申令旦”。

【原文】 三朝洗儿，曰汤饼之会；周岁试周，曰晬盘之期。男生辰，曰悬弧令旦；女生辰，曰设帨佳辰。

【译文】 古代习俗，婴儿生下三天要洗浴，这一天要请宾朋吃汤面，所以叫“汤饼之会”；小儿周岁时要进行“试周”，即将弓箭、珍宝、文具、针线等放在晬盘内，让小儿抓取，以测试他将来的志趣，所以称这一天叫“晬盘之期”。古时礼节，生儿子时在左门悬挂弯弓，所以男子生日叫作“悬弧令旦”；生女儿时在门右放一块佩巾，所以女子的生日叫“设帨佳辰”。

【原文】 贺人生子，曰嵩岳降神；自谦生女，曰缓急非益。生子曰弄璋，生女曰弄瓦。

【译文】 祝贺别人生儿子，叫作“嵩岳降神”，意为嵩山的神灵降生人间；自谦生了女儿，说是“缓急非益”，即生了个有急事帮不上忙的人。古人让男孩玩耍圭璋，以比美德，所以生男孩叫弄璋，让女孩玩耍纺锤（即瓦），象征长大后从事纺织，所以生女孩叫弄瓦。

【原文】 梦熊梦罴，男子之兆；梦虺梦蛇，女子之祥。梦兰叶吉，郑文公妾生穆公之奇；英物称奇，温峤闻声知桓温之异。

【译文】《诗经·斯干》篇说女子怀孕之后，如梦见熊罴，是生男孩的预兆；梦见虺蛇，是生女儿的预兆。传说春秋时郑文公的妾梦见天使赐给她兰草，郑文公带兰草来会她，后来生下郑穆公，取名为兰，这是很出奇的事；东晋大将军桓温出生后，请当时的大将温峤来相看，温峤听了孩子的哭声说，真是个“英物”，看来桓温降生就显出异相。

【原文】 **姜嫄生稷，履大人之迹而有娠；简狄生契，吞玄鸟之卵而叶孕。鳞吐玉书，天生孔子之瑞；玉燕投怀，梦孕张说之奇。**

【译文】传说帝喾(kù)的妃子姜嫄(yuán)看见巨人的足迹，不小心踩到了上面，便怀了孕，后来生下周朝的先祖后稷；帝喾的妃子简狄同妹妹在河里洗澡，看见玄鸟（燕子）下的蛋，她吃下蛋就怀了孕，后来生下了商朝的先祖契。麒麟吐出玉刻的书来，上有“水精之子，继衰周而为素王”，这是天生孔子的瑞应；张说之母梦见玉燕翩翩入怀，于是怀孕生下张说，被称为传奇。

【原文】 **弗陵太子，怀胎十四月而始生；老子道君，在孕八十一年而始诞。晚年得子，谓之老蚌生珠；暮岁登科，正是龙头属老。**

【译文】汉武帝幼子弗陵太子（后来的汉昭帝），他母亲怀孕十四个月才生下他；传说道家祖师老子，他母亲怀胎八十一年他才诞生。年纪很大时得到儿子，称之为“老蚌生珠”，这是三国孔融称赞韦端的话；传说宋梁灏八十二岁考中进士，被人们称为“暮岁登科”。他在谢恩诗中说：“也知年少登科好，不意龙头属老成。”

【原文】 **贺男寿，曰南极星辉；贺女寿，曰中天婺焕。松柏节操，美其寿元之耐久；桑榆晚景，自谦老景之无多。**

【译文】祝贺男人寿诞，称作“南极星辉”；祝贺女人寿诞，称作“中天婺焕”。晋代尚书右丞顾悦与简文帝（司马昱） 同岁，文帝头发乌黑无一丝白发，而顾悦的头发早已白了。文帝问 ：“卿何以先白？”顾悦答：“皇帝您是松柏之姿，经霜犹茂；臣是蒲柳之质，望秋先零。”这是美誉文帝寿命的长久；日西垂时，景（影） 在（榆） 树端，称为桑，这是人已经老了，日子没有多少了的谦称。后人称桑榆日暮来形容老年人。

【原文】　**矍铄称人康健，聩眊自谦衰颓。黄发儿齿，有寿之征；龙钟潦倒，年高之状。**

【译文】“矍铄”是形容老人身体健康的词语，“聩眊”是自称本人耳聋眼花的词语。老人白发变黄，长出儿童一样的牙齿，是人长寿的征兆；像“龙钟”竹一样站立不稳，说明此人年事已高。

【原文】　**日月逾迈，徒自伤悲；春秋几何，问人寿算。称少年，曰春秋鼎盛；善高年，曰齿德俱尊。**

【译文】说时光已经流逝，岁月不堪回首，这是自己的徒然伤悲；问老人年龄时，要说你老春秋几何？“春秋鼎盛”，是称赞青少年的；“齿德俱增”，是赞美年纪很大的人的。

【原文】　**行年五十，当知四十九年之非；在世百年，那有三万六千日之乐。百岁曰上寿，八十曰中寿，六十曰下寿；八十曰耋，九十曰耄，百岁曰期颐。**

【译文】春秋时代的贤人说，人活到五十岁，应当知道以前四十九年的错误；唐代大诗人李白说过：人生百年有三万六千日，每天都要喝三百杯酒。其实人生在世哪能天天都快乐。古人称活到百岁叫作“上寿”，活到八十岁叫作“中寿”，活到六十岁叫作“下寿”；人活到八十称为“耋(dié)”，活到九十称为“耄(mào)”，活到百岁称为“期颐”。

【原文】　**童子十岁就外傅，十三舞勺，成童舞象；老者六十杖于乡，七十杖于国，八十杖于朝。**

【译文】古时儿童十岁时求助于教师，十三岁舞文弄墨，十五岁以上练功习武；按古礼，老人六十岁在乡里可以拄杖，七十岁在国中可以拄杖，八十岁在朝廷可以拄杖，这是对老年人的优待。

【原文】　**后生固为可畏，而高年尤是当尊。漫道豫章之小，已具栋梁之观。**

【译文】年轻人前途未可限量，固然令人敬畏佩服，而那些年高的老人，经验丰富，学识渊博，更应当受到尊重。南朝王俭年幼时，袁粲认为他有出息，说豫章（樟木）虽小，已有做栋梁的基础。

【原文】**项橐童牙作师，却知学富；甘罗孱口为相，勿论年雏。列俎豆而习礼仪，孟氏冲年乃尔；执干戈以卫社稷，汪踦小子能然。**

【译文】传说项橐年幼未换牙就当了孔子的老师，足见他学识丰富；瘦弱的甘罗仅十二岁就被封为相，不能说年龄太小。孟子年幼时，就列摆俎豆来练习礼仪；汪踦年纪很小时，就挥舞干戈来保卫国家，显出非凡的才干。

【原文】**寇公七岁咏山，已卜具瞻气象；司马五龄击瓮，即占拯溺才猷。步处敏于诗，我道公权过子建；座间言自别，人称谢尚是颜回。**

【译文】寇準七岁作诗咏华山，他的先生便预见到，将来的百姓要瞻仰他的气象了；司马光五岁时，和一群小孩嬉戏，一个小孩落进水缸中，小儿都惊慌失措，他都用石头砸破水缸将小孩救出，显示出他将来拯救人民于水深火热之中的才能。唐代柳公权在三步之内就吟诗一首，唐太宗称赞他超过了七步成诗的曹子建（曹植）；东晋谢尚八岁时，一位在他家赴宴的客人夸他是在座人中间的颜回（孔子最得意的学生），谢尚反驳说，座中没有孔子，怎能分别谁是颜回。

【原文】**勿谓卢家儿，案上翻残墨汁；尚嘉羊氏子，桑中探出金环。亩丘人问年不少，绛县老历甲何多。李耳出函谷，为令尹演道经五千言；子牙钓渭滨，为周家定国基八百载。**

羊 祜

【译文】不要说唐诗人卢仝的儿子，打翻桌上的墨汁，并用残存的墨汁把纸上新写的诗涂得像只老乌鸦；倒该夸奖羊祜，在邻居家的桑树林中寻找乳母所玩的金环。桓公见亩丘人（即种田人）问他多大年纪，他说八十三岁，齐桓公赞他高寿；春秋时绛县有位老人说自己经历了四百四十五个甲子，推算起来他应该是七十三岁。传说周末李耳（老子）跨青牛出函谷关，关令尹喜知老子是圣人，要他传给自己经典方准许过关，老子便给他写了五千余字的道德经；殷末周初，相传姜子牙垂钓于渭滨，相遇于周文王出猎之时，被拜为师，后辅佐武王建立了八百年的周朝。

【原文】 **是谁运动老阳，生子却无日影；若个学成玄法，烧丹剩有霞光。荣启期能扩襟怀，行歌乐土；疏太傅乞归骸骨，饮饯都门。**

【译文】是哪位老先生，九十岁生了儿子，而且在日光下没有身影？相传这是汉代陈留地方一位老翁，他九十岁娶妾生了个儿子，他的大儿子不承认这个弟弟，为继承家财兄弟纷争多年，后来丞相丙吉说，九十岁老人的孩子日下无影，经验证确实无影，争端才得以平息；又是什么人学成了道法，全家成仙，连烧丹炉的残余也有仙气？这里说的是西汉淮南王刘安，传说他得仙人指点，烧丹成功，全家升天成仙，烧丹剩下的药酒洒在地上，鸡狗吃了也跟他一起升天。相传孔子游泰山，看到了在田里鼓瑟而歌的荣启期，荣启期说自己虽贫穷，但生而为人，又是男子，活了九十五岁，所以自得其乐，被孔子称为是个胸襟开阔的人；西汉太子太傅疏广年老，请求与侄子一起退休，让一把老骨头能葬在故乡，他们离京时，公卿大夫在城外为他们饯行，因他们知足不辱，功成身退，被人称为“贤大夫”。

【原文】 **猃狁侵周，方叔迈年奏三捷；先零叛汉，充国颓龄请一行。李百药才新而齿则宿，卢蒲嫳发短而心甚长。**

【译文】猃狁族侵犯周王朝，已经年迈的方叔却三战三胜；西汉先零羌族反叛朝廷，赵充国虽年纪很大却主动请战。唐朝的李百药七十多岁时作帝京赋，皇帝看到后十分高兴，说他“年龄虽老才甚新”。春秋时齐国的卢蒲嫳求见齐侯，哭泣说：“我的头发如此短少了，还能有什么作为呢？把我放回去吧。”齐侯回家对儿子说了，儿子子雅说：“不能放，他头发虽短但心思还很长呢。”

身 体

【原文】 百体皆血肉之躯，五官有贵贱之别。

【译文】人身体各个部分都是血肉组成的；耳、目、口、鼻、形是人的五官，五官也有贫富贵贱的区别。

【原文】 尧眉分八彩，舜目有重瞳。耳有三漏，大禹之奇形；臂有四肘，成汤之异体。

【译文】相传尧的眼眉共分八种色彩，舜的眼珠有两个瞳仁。相传大禹的耳朵有三个窟窿，足见其外貌奇特；成汤的胳膊有四个关节，可见其身体不凡。

周文王

【原文】 文王龙颜而虎眉，汉高斗胸而隆准。孔子之顶若圩，文王之胸四乳。

【译文】周文王有龙一样的额头，虎一般的眉毛；汉高祖的胸脯宽阔，鼻梁高高耸立。孔夫子的头顶呈“凹”形，周文王的胸上有四个乳房。

【原文】 周公反握，作兴周之相；重耳骈胁，为霸晋之君。此皆古圣之英姿，不凡之贵品。

【译文】《相法》中说周公（周武王之弟） 两手如绵，可以反握，这是振兴周朝的迹象；重耳（晋文公） 的肋骨都连成一块，最终成为晋国的君主，而且称霸诸侯。这都是古往圣人的英姿，不是凡人所能具备的，都是贵重的品貌。

【原文】 至若发肤不可毁伤，曾子常以守身为大；待人须当量大，师德贵于唾面自干。

【译文】孔子与弟子曾子讲“孝道”，第一句就是说：头发、皮肤不敢毁伤，是孝之始也，所以曾子总是把爱护身体当成最大的孝。接人待物应当度量大，唐朝大官吏娄师德与他的弟弟说遇事要忍耐，弟弟说，人要往我脸上吐唾沫，我自己擦掉就是了。娄师德说，那还让人感到你不高兴，应让它自己干掉。

【原文】 **谗口中伤，金可铄而骨可销；虐政诛求，敲其肤而吸其髓。**

【译文】欺骗、造谣、伤害他人的嘴巴，可以使金子销熔，把人的骨头销蚀；施行暴政，就像敲人的骨头吸人的骨髓一样。

【原文】 **受人牵制，曰掣肘；不知羞愧，曰厚颜。好生议论，曰摇唇鼓舌；共话衷肠，曰促膝谈心。**

【译文】春秋时，鲁君派孔子弟子宓（mì）不齐管理单父这个地方，而又事事过问。宓请鲁君派人来给自己写字，宓故意拉着他的胳膊肘，结果字写得很糟，来人便回去向鲁君告状，鲁君明白宓的用意，便放手让宓管理单父。后人把受人牵制叫拉胳膊肘，把不知羞愧叫厚脸皮。喜欢发表议论，称为“摇唇鼓舌”；共同倾诉衷肠，称为“促膝谈心”。

【原文】 **怒发冲冠，蔺相如之英气勃勃；炙手可热，唐崔铉之贵势炎炎。貌虽瘦而天下肥，唐玄宗之自谓；口有蜜而腹有剑，李林甫之为人。**

【译文】蔺相如气概威武，生气的时候头发冲动了帽子；唐相崔铉位尊势大，像是灼烧得烫手的火焰。唐玄宗有一次照镜子，见自己瘦了，左右进言说：“自韩休入朝，陛下无一日欢，何不逐（驱赶） 之？”唐玄宗说：“吾虽瘠（瘦），天下肥矣。吾用休，社稷计耳”；唐玄宗时宰相李林甫，笼络宦官、妃嫔，迎合玄宗旨意，排除异己，以至于国力日渐衰弱。当时人们皆言林甫甘言如蜜，虽面有笑容，而腹中铸剑也，这是李林甫的为人。

【原文】 **赵子龙一身是胆，周灵王初生有须。来俊臣注醋于囚鼻，法外行凶；严子陵加足于帝腹，忘其尊贵。**

【译文】三国蜀将赵云，字子龙，刘备曾赞誉他“一身都是胆”；据说周灵王生下来就长胡子，在他统治时期，天下太平无事。唐代武则天时的大臣来俊臣，是有名的酷吏。他经常往囚犯鼻子里灌醋，并施行其他酷刑，这是超出法律的凶残举动；东汉严子陵曾与光武帝刘秀同学，刘秀当了皇帝请他到京城，两人同睡一床，睡梦中他把脚放到皇帝肚子上，忘记了皇帝的尊贵。

【原文】 **有十年不屈膝，惟郭公能慑强藩；岂为五斗遽折腰，故陶令愿归故里。**

【译文】 唐朝时期，田承嗣随安禄山起兵反唐，宰相郭子仪派使者前来招降，田承嗣西望跪拜说："此膝不屈于人已十年了，今天因尊重宰相而拜。"晋朝陶渊明做澎泽县令八十日，一天，上官差督邮来到县里视察，按常规县令要跪拜出迎，渊明说："我岂能为五斗米折腰。"于是辞官归隐。

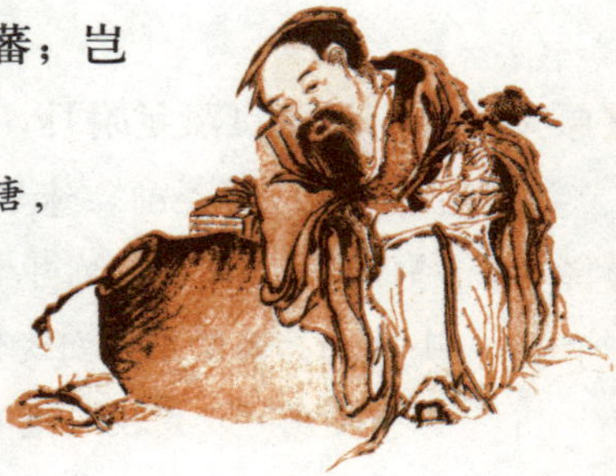
渊明醉酒

【原文】 **断送老头皮，杨璞得妻送之诗；新剥鸡头肉，明皇爱贵妃之乳。**

【译文】 北宋时，宋真宗召隐士杨璞问道，并问他临行时有人作诗送别没有，杨说他妻子赠给他一首，诗中说："更无落魄耽怀酒，切莫猖狂爱作诗。今日捉将宫里去，这回断送老头皮。"真宗听了大笑，便放杨璞回去了；唐明皇（即唐玄宗李隆基） 喜爱杨贵妃的乳房，曾用"新剥鸡头肉"来形容。

【原文】 **纤指如春笋，媚眼若秋波。肩曰玉楼，眼名银海。**

【译文】 古人把女子纤细的手指比作春天竹笋，妩媚的双眼比作秋日的水波。古时，人们把肩称为玉楼，把眼睛叫作银海。

【原文】 **泪曰玉箸，顶曰珠庭。歇担曰息肩，不服曰强项。**

【译文】 泪水，被形容为"玉箸"；天庭，也叫作"珠庭"。暂歇负担，是使肩膀休息，叫作"息肩 "；不肯屈服，挺起颈项，叫作"强项"。

【原文】 **丁谓为人拂须，何其谄也；彭乐截肠决战，不亦勇乎？剜肉医疮，权济目前之急；伤胸扪足，计安众士之心。**

【译文】北宋时，丁谓为宰相寇準擦拭被弄脏的胡须，足见其讨好献媚之极；北齐将军彭乐，截去露在外面的肠子，继续与敌人战斗，这是何等英勇的举动啊！“剜肉医疮”，形容只顾救助暂时的急难；伤胸摸脚，刘邦用此计来安定军心。

【原文】**汉张良蹑足附耳，黄眉翁洗髓伐毛。尹继伦，契丹称为黑面大王；傅尧俞，宋后称为金玉君子。**

【译文】韩信请立为王，令刘邦十分生气，张良蹑（踩）足附耳，劝刘邦不要因小失大；西汉东方朔说他认识一个仙人叫黄眉翁，三千年洗一次骨髓，两千年剥一次皮换一次毛，现在九千多岁，已经洗了三次髓，伐了五次毛。尹继伦在徐河打败契丹，溃散的逃兵说：“千万要躲避那个黑面大王。”傅尧俞做侍郎的时候，上朝奏事，直言敢谏，从不溢美隐恶，太后曾夸他说：“傅侍郎是金玉君子。”

【原文】**土木形骸，不自妆饰；铁石心肠，秉性贤刚。**

【译文】史书上形容晋代嵇康是“土木形骸”，意思是说他的形体如土木一样自然，不加修饰；唐代诗人皮日休曾经赞赏宋璟的刚直品性，有如“铁石心肠”。

【原文】**叙会晤，曰得挹芝眉；叙契阔，曰久违颜范。请女客，曰奉迓金莲；邀亲友，曰敢攀玉趾。**

【译文】（与君子）叙谈会面，叫作“得挹（yì）芝眉”，叙说聚散离合，可以称为“久违颜范”了。邀请女客人，称“奉迓金莲”；邀请亲戚朋友，称“敢攀玉趾”。

【原文】**侏儒谓人身矮，魁梧称人貌奇。龙章凤姿，廊庙之彦；獐头鼠目，草野之夫。**

【译文】侏儒，是说身材特别矮小的人；魁梧，是指身材特别高大的人。神采如龙，风姿如凤的人，才可以成为朝廷中拔尖的人物；头如獐，目如鼠的人，只能在田野里操劳。

【原文】　恐惧过甚，曰畏首畏尾；感佩不忘，曰刻骨铭心。貌丑曰不扬，貌美曰冠玉。

【译文】过分地害怕恐惧，叫作“畏首畏尾”；感受深切入心而念念不忘，称为“刻骨铭心”。相貌丑陋，叫其貌不扬，面貌姣好，叫作面如冠玉。汉朝人对陈平有“美如冠玉”的描述。

【原文】　足跛曰蹒跚，耳聋曰重听。期期艾艾，口讷之称；喋喋便便，言多之状。

【译文】“蹒跚”是形容人跛脚行走；“重听”是说耳朵发聋。“期期”“艾艾”，是对口吃人的称呼；“喋喋”“便便”，是善于辞令的表现。

【原文】　可嘉者，小心翼翼；可鄙者，大言不惭。

【译文】值得赞扬的是那些办事“小心翼翼”，总是恭敬谨慎的人；令人鄙视的是那些“大言不惭”，不知羞耻地讲大话的人。

【原文】　腰细曰柳腰，身小曰鸡肋。

【译文】女子纤柔的腰肢，叫作“柳腰”；身体弱小，称为“鸡肋”。

【原文】　笑人齿缺，曰狗窦大开；讥人不决，曰鼠首偾事。

【译文】晋人张玄之八岁时牙齿缺落，有人与他开玩笑说，你这里怎么开了狗窦（洞）？他回答这是为了让你们出入；老鼠生性犹豫，常一进一退，所以讥笑人犹豫不决时常说“鼠首偾事”，也说“首鼠两端”。

【原文】　口中雌黄，言事多而改移；皮里春秋，心中自有褒贬。唇亡齿寒，谓彼此之失依；足上首下，谓尊卑之颠倒。

【译文】信口雌黄，是说人处理事情言而无信，朝令夕改；皮里春秋，是说人心中有数，嘴上不轻易道人短长，褒贬全在心中。嘴唇没了，牙齿就会感到寒冷，用来形容彼此间失去了依靠；脚居上而头朝下，用来形容尊卑位置被颠倒。

【原文】　所为得意，曰吐气扬眉；待人诚心，曰推心置腹。心慌曰灵台乱，醉倒曰玉山颓。睡曰黑甜，卧曰息偃。

【译文】行为十分得意，叫作“吐气扬眉”；待人赤诚中肯，称为“推心置腹”。心头发慌，叫作“灵台乱”；饮酒醉倒，称为“玉山颓”。睡意酣畅，叫作“黑甜”；卧在床上，叫作“息偃（yǎn）”。

【原文】**口尚乳臭，谓世人年少无知；三折其肱，谓医士老成谙练。西子捧心，愈见增妍；丑妇效颦，弄巧反拙。**

【译文】汉高祖刘邦问郦食其，魏大将是谁？郦说是柏直，刘邦说：“是口尚乳臭，不能当韩信。”意思说其口中奶汁味尚存，比喻人年少无知；多次被折断手臂的人，就能懂得医治手臂的办法，也就可以称为良医。美女西施心脏有病，用手去捧，更觉得妩媚可爱；那丑妇也要仿效她皱着眉头，使得人人生厌，这就是弄巧成拙了。

【原文】**慧眼始知道骨，肉眼不识贤人。**

【译文】只有具备慧眼，才能看出仙风道骨之人；一般人的肉眼，是不能辨认出贤德之人的。

【原文】**婢膝奴颜，谄容可厌；胁肩谄笑，媚态难堪。忠臣披肝，为君之药；妇人长舌，为厉之阶。**

【译文】奴婢般的膝盖、家奴般的脸，奉承的神态令人厌恶；缩敛肩膀、假装笑脸，谄媚的嘴脸十分难堪。忠臣披肝沥胆，是为君主提供良药；女人多言搬弄是非，是产生祸害的阶梯。

【原文】**事遂心曰如愿，事可愧曰汗颜。人多言，曰饶舌；物堪食，曰可口。**

【译文】相传卢陵人欧明跟随商人过春草湖时，常把一些东西投入湖中作为礼物。水神将他请到水下宫殿，要回赠他东西表示答谢，欧明点名要女婢“如愿”，水神忍痛割爱把如愿赏给了他。从此欧明家事事如愿。后人把事情按希望达到目的叫作如愿。处理事情不当而内心感到羞愧叫作汗颜（因羞耻而脸上流汗）。人说话多嘴，叫作“饶舌”；食物非常好吃，称为“可口”。

【原文】**泽及枯骨，西伯之深仁；灼艾分痛，宋祖之友爱。唐太宗为臣疗病，亲剪其须；颜杲卿骂贼不绝，贼断其舌。**

【译文】传说周文王为西伯时，把抛在荒郊的枯骨拾回来并厚葬，人们感到他内心仁慈，纷纷来附；宋太祖的弟弟赵光义得病，在烧艾蒿灸患处时嫌疼，宋太祖在自己身上烧艾蒿表示“分痛”，体现了兄弟的友爱。唐朝李勣有病，药引需用龙须，李世民便亲自剪下一绺胡须，为他配药治病；颜杲卿做常山太守，城破被俘，他英勇不屈，骂不绝口，逆贼安禄山竟把他的舌头割断了。

颜杲卿

【原文】**不较横逆，曰置之度外；洞悉虏情，曰已入掌中。**

【译文】不把强暴放在心上，叫作“置之度外”；洞悉敌人的情况，称为“已入掌中”。

【原文】**马良有白眉，独出乎众；阮籍作青眼，厚待乎人。**

【译文】三国蜀汉将马良，字季常，眉有白毛，以才学闻名乡里。乡里谚语说：“马氏五常，白眉最良。”魏晋时人阮籍不拘礼教，眼为青白眼，见凡俗之士，以白眼对之，嵇康携酒挟琴而来，乃对以青眼。后称对人尊重为青眼，对人藐视为白眼。

【原文】**咬牙封雍齿，计安众将之心；含泪斩丁公，法正叛臣之罪。**

【译文】刘邦当了皇帝后，先册封了大功臣十几人，引起了其他众将的议论和不满，人心浮动，刘邦向张良求计，张良说先封你最不喜欢的人，于是刘邦咬牙将他最不得意的雍齿封为什方侯，众将都安心了；丁公是项羽的部将，一次丁公率兵追杀刘邦到彭城西，刘邦求情，丁公放走了他，刘邦得天下后，丁公来见刘邦，刘邦说丁公当初不能忠心侍奉项羽，忍痛将丁公杀了。

【原文】**掷果盈车，潘安仁美姿可爱；投石满载，张孟阳丑态堪憎。**

【译文】晋代荥阳人潘安仁姿容俊美可爱，每次出行，老妇人都会用果品投入其车，并将车装满；晋代安平人张孟阳貌丑陋可怕，每次出行，小儿都对他扔瓦和石以至装满车。

【原文】 事之可怪，妇人生须；事所骇闻，男人诞子。

【译文】 北宋宣和六年，丰乐楼保朱氏子之妻，四十多岁，忽然长胡须这是一件非常奇怪的事；同年，都城有卖青果男子，怀孕生子，更是骇人听闻。

【原文】 求物济用，谓燃眉之急；悔事无成，曰噬脐何及。

【译文】 寻求东西来救急，便说是火烧眉毛，急不可耐；懊悔做事无成，便说是自噬肚脐，是不能做到的。

【原文】 情不相关，如秦越人之视肥瘠；事当探本，如善医者只论精神。

【译文】 事不关己，好比越国人不关心秦国人长的是胖还是瘦；事情要追究它的根源，好比一个好的医生只看人的精神。

【原文】 无功食禄，谓之尸位素餐；谫劣无能，谓之行尸走肉。

【译文】 没有劳作而获得俸禄，称之“尸位素餐”，即如僵尸占着位置不劳而获；浅薄无能的人，称之为“行尸走肉”，即徒具形骸，缺乏生活理想的活僵尸。

【原文】 老当益壮，宁知白首之心；穷且益坚，不坠青云之志。一息尚存，此志不容少懈；十手所指，此心安可自欺。

【译文】 年纪老了，志气应当更壮，难道不知道白发老人的心吗；处境越是穷困，意志应当更加坚定，不能放弃直上“青云”的志气。即使还有最后一口气，也要坚持为理想而斗争的意志；人的一举一动都被许多人所注视，因此决不能做亏心事。

衣　服

【原文】 冠称元服，衣曰身章。曰弁曰冔曰冕，皆冠之号；曰履曰舄曰屣，悉鞋之名。

【译文】 元服是对帽子的称呼，身章又是衣的另一种说法。称“弁”“冔”“冕”，都是帽子的称号；称“履”“舄”“屣”，全是鞋子的名称。

【原文】　上公命服有九锡，士人初冠有三加。

【译文】爵位最高的大臣（居三公以上）由皇帝赐给相当等级的制服并赐给九种特殊器物：一衣服、二车马、三乐则、四朱户、五纳陛、六虎贲、七弓矢、八斧钺、九秬鬯，称为“九锡”；男子成年行冠礼，有初加缁布冠，次加皮弁，再次加爵弁，称为“三加”。

【原文】　簪缨缙绅，仕宦之称；章甫缝掖，儒者之服。布衣即白丁之谓，青衿乃生员之称。

【译文】簪缨和缙绅，是用来称呼仕宦人家的；章甫和缝掖，都是儒生的服色。古时平民不准穿绸缎只能穿布衣，所以“布衣”就成为“白丁”（没有功名的人）的代称；“青衿”即青领衫，是古代成年学子的衣服，后世作为“生员”（经考取入府、州、县学的学生）即秀才的代称。

【原文】　葛屦履霜，诮俭啬之过甚；绿衣黄里，讥贵贱之失伦。

【译文】“葛屦履霜”即穿夏天穿的葛布鞋，如果在秋冬穿着它来踏霜雪，就是节俭得过分了；古代黄色是正色，高贵，绿色是间色，低贱，如果“绿衣黄里”就是颠倒了尊卑贵贱的次序。

【原文】　上服曰衣，下服曰裳；衣前曰襟，衣后曰裾。敝衣曰褴褛，美服曰华裾。

【译文】上装称衣，下装称裳；衣服前面称襟，衣服的后面称裾。破烂不堪的衣服称“褴褛”，美丽华贵的服饰称“华裾”。

【原文】　襁褓乃小儿之衣，弁髦亦小儿之饰。左衽是夷狄之服，短后是武夫之衣。

【译文】背负小儿的背带和布兜叫作襁褓（qiǎng bǎo），泛指小儿的衣裳；弁是缁布冠，髦（máo）是幼儿下垂至眉的短发，古时行冠礼时先束缁布冠，剃去髦发，然后去缁布冠，由于弁髦都是冠礼中废弃之物，所以也就成了小儿装饰的代称。“左衽”是“夷狄”的衣服，“短后”是武士的衣服。衽（rèn）是衣襟，我国古代少数民族的服装，前襟向左，不同于中原汉族前襟向右；“短后”是衣服的后幅较短，便于行动，这是武人的衣服。

【原文】　尊卑失序，如冠履倒置；富贵不归，如锦衣夜行。狐裘三十年，俭称晏子；锦幛四十里，富羡石崇。

【译文】尊卑失去了次序，如同把鞋和帽倒放起来；富贵不归故乡，如同穿了锦锈衣服在夜里走路。春秋齐国国相晏婴，一件狐皮衣穿了三十年，可以说是节俭的典范；晋代石崇在比富中为压倒别人，搭起四十里长的锦帐，富有得令人羡慕。

晏　婴

【原文】　孟尝君珠履三千客，牛僧孺金钗十二行。

【译文】在孟尝君门下，穿了用珍珠装饰的鞋子的食客就有三千人，牛僧孺房内有戴了金钗的美丽侍妾就排了十二行。

【原文】　千金之裘，非一狐之腋；绮罗之辈，非养蚕之人。贵者重裀叠褥，贫者裋褐不完。

【译文】珍贵的皮裘，不是用一只狐狸腋下的皮毛做成；遍身绫罗绸缎的人，一定不是养蚕的人。富贵的人褥子叠褥子，贫穷的人粗陋的衣服也破烂不堪。

【原文】　卜子夏甚贫，鹑衣百结；公孙弘甚俭，布被十年。

【译文】孔子的学生卜子夏特别穷，衣服破旧并且打了许多补丁；公孙弘十分节俭，一床被子盖了十年。

【原文】　南州冠冕，德操称庞统之迈众；三河领袖，崔浩羡裴骏之超群。

【译文】三国时名士司马徽，字德操，他认为庞统人才出众，称庞统为“南州冠冕”，即南方各州读书人中顶尖的代表人物；北魏裴骏的超群才干，很受司徒崔浩的赏识。裴骏被称为“三河领袖”，即黄河南北读书人的带头人物。

【原文】　虞舜制衣裳，所以命有德；昭侯藏敝裤，所以待有功。

【译文】虞舜制作衣服，还用不同的服色，来区别等级；韩昭侯收藏破烂的裤子，却不肯赐给左右，他说要赏给那些有功之人。

【原文】 **唐文宗袖经三浣，晋文公衣不重裘。**

【译文】唐文宗为了表明自己节俭，曾举起袖子让大臣们看，说这件衣服已经洗过三次；春秋时晋文公为了纠正奢侈风气，提倡节俭，带头不穿厚皮衣。

【原文】 **衣履不敝，不肯更为，世称尧帝；衣不经新，何由得故，妇劝桓冲。**

【译文】传说尧的衣服和鞋子，如果不是破得不能穿就决不更换，他的行为受到世人称赞；晋代桓冲不肯穿新做的衣服，他妻子让人告诉他，衣服不经过新怎么能变旧，他这才听从了妻子的劝告。

【原文】 **王氏之眉贴花钿，被韦固之剑所刺；贵妃之乳服诃子，为禄山之爪所伤。**

【译文】韦固娶相州刺史王泰的女儿为妻，他对妻子王氏在眉间贴着花钿表示不解，妻子告诉他说，她在襁褓时寄养在乳母家，乳母以卖菜为生，一天被贼人用剑刺伤眉头，至今疤痕还没有消失，只好用花钿盖上；唐杨贵妃私通安禄山，胸部被安禄山抓破，为了遮丑，杨贵妃作了诃子将伤处盖上。

【原文】 **姜氏翕和，兄弟每宵同大被；王章未遇，夫妻寒夜卧牛衣。**

【译文】姜氏一门相聚和乐，每天晚上兄弟共睡一床共盖一个大被；王章未得志的时候，夫妻冷天同睡在牛衣上。

【原文】 **缓带轻裘，羊叔子乃斯文主将；葛巾野服，陶渊明真陆地神仙。**

【译文】晋代羊祜字叔子，作为荆州军队主帅，经常身不披甲，穿轻裘，衣带松缓，游山玩水，人们称之为“斯文主将”；晋代陶潜字渊明，解甲归田，头扎葛布巾，身穿山野服，真像是“陆地神仙”。

【原文】 **服之不衷，身之灾也；缊袍不耻，志独超欤。**

【译文】不考虑环境而穿衣，必然为身体招来灾祸；穿着旧絮袍子而不觉羞耻，他的志向一定超群。

【原文】制豸作法冠，裁荷为隐服。

【译文】按獬豸形状作为执法者的帽子，象征区别曲直；屈原在诗中说用荷花裁作衣服，以表示自己的高洁。

【原文】王乔属仙令，舄飞天外之凫；李后是娇姝，钗化宫中之燕。

【译文】东汉时叶县令王乔有神术，能把鞋变化成野鸭，踏着来往于叶县与京城之间；汉武帝时赵婕妤是个大美人，武帝将神女赠的玉钗赐给了她，到了汉昭帝时，宫女打开匣子，玉钗化作白燕飞上了天。

【原文】肌生银粟，是谁寒赠紫驼尼；肩耸玉楼，有客暖捐红衲袄。

【译文】冻得身上起鸡皮疙瘩的时候，得到友人送来的驼绒制的呢子，黄庭坚（宋代诗人）写诗感谢；春日与友人同行，害怕天气热而流出鼻血，张平子（西汉张衡）耸起双肩脱下红色的补缀而成的衣服给他穿上。

【原文】精忠膺主眷，狄仁杰披金字之袍；阴德有天知，裴晋公还纹犀之带。

【译文】精忠的臣子，自然会受到君王的宠幸，唐朝狄仁杰身上披的金字袍，就是由武后所赐；阴德自有天知，唐朝的裴度在香山寺拾得纹犀玉带，还给了失主，后来做了宰相。

裴　度

【原文】军中狐帽，沈庆之镇压貔貅；滩上羊裘，严子陵傲睨轩冕。通天带，顿输严续之姬，鹔鹴裘，为贳相如之酒。

【译文】宋代将军沈庆之，因为有头风病所以常戴着狐皮帽，但声威赫赫，压倒军中的所有猛士；东汉严光字子陵，隐居江边，常披羊皮裘衣钓鱼，光武帝刘秀亲自请他做官，他卧床不起，刘秀只得登车扫兴归去。五代南唐的严续，为了得到唐镐的通天犀带，用自己心爱的姬妾作赌注，与唐镐赌博，结果唐镐得胜，严续输掉了爱姬；西汉司马相如与卓文君私奔成婚后，回到成都十分穷困潦倒，拿自己穿的鹔鹴裘作抵押，向人赊酒喝。

【原文】 高人能洁已，飘飘挂神武之冠；过客共摩肩，济济看马嵬之袜。

【译文】 南朝陶弘景为保持自己高尚的节操，把朝服挂到金陵神武门上，然后到茅山隐居去了，成了著名的道士；杨贵妃在马嵬坡缢死后，相传一老妇拾到杨贵妃一只锦袜，来往客人纷纷前来观看，看一次交百文钱，老妇因此而发了大财。

【原文】 晋怀以青衣行酒，事丑万年；光武以赤帻起兵，名芳千古。

【译文】 晋怀帝穿着青衣斟酒，作为丑事而遗臭万年；汉光武帝头戴红色头巾起兵，他的声名流芳千古。

【原文】 有女遗王濛之新帽，何人换季子之敝裘。

【译文】 晋代王濛家里十分穷困，一次因为帽子破了到市上买帽子，一位老妇看他长得漂亮，白送他一顶新帽；战国苏秦到秦国游说，上书十次不被采纳，钱花光了，貂裘也破败不堪，回家受到家人的冷遇，谁会换他的破貂裘呢?

【原文】 韦绶寝覆缬袍，荣施若此；蔡遵贫衣布袴，廉洁何如。

【译文】 唐德宗时翰林学士韦绶，一次在翰林院睡觉，突然而来的德宗和贵妃，不但没唤醒他，韦妃还亲自给他盖上丝袍，这是何等荣耀；东汉将军蔡遵生活节俭，没有私财，穿的是粗布裤子，盖的是布被，这是多么廉洁。

【原文】 晋帝不忍浣征袍，留彼嵇侍中之血；唐士未须裁道服，重他张孝子之缣。

【译文】 晋惠帝与侍中将军嵇绍同时被敌军围困，嵇绍中箭而亡，鲜血染红了惠帝的战袍，事后手下人要为惠帝洗战袍，惠帝不准，说上面有嵇侍中的血；唐代名士韩彦恩为孝子张僧彻写颂词感谢朝廷的表彰，张僧彻给他送去二十匹细绢作为谢礼，韩彦恩只收下一匹，并对家人说，这是孝子的绢，不准随便裁衣。

【原文】 汉王制竹箨之冠，威仪自别；闵子衣芦花之絮，孝行纯全。

【译文】 汉高祖用竹皮制成帽子戴，威严的容仪仍与众不同；闵子穿芦花做成的棉袄，对后母的孝行却纯美无缺。

人　事

【原文】　大学首重夫明新，小子莫先于应对。其容固宜有度，出言尤贵有章。

【译文】《大学》的道理首要的就是要使自己明白一切事理，并能使别人每天都得到更新，从而达到至善的境界；小孩首先要学会的就是要会应对。仪容本来应当合于一定的要求；讲话最为宝贵的是有条理，有章法。

【原文】　智欲圆而行欲方；胆欲大而心欲小。

【译文】一个人的知识应当无所不晓，但行为却要讲原则，有所不为；办事胆子要大，同时也一定要小心谨慎。

【原文】　阁下足下，并称人之辞；不佞鲰生，皆自谦之语。恕罪曰宽宥，惶恐曰主臣。

【译文】“阁下”“足下”，都是对他人的尊称；“不佞”“鲰生”，都是自己谦虚的称呼。饶恕别人的罪过叫作“宽宥”，表示惶恐不安谢罪叫“主臣”。

【原文】　大春元、大殿选、大会状，举人之称不一；大秋元、大经元、大三元，士人之誉多殊。

【译文】大春元是春季会试第一名即会元，大殿选是殿试一甲第一名即状元，大会状是会元兼状元，这是举人（乡试录取者）进一步取得的功名的不同等级；大秋元即秋季乡试的第一名即解元，大经元即明经（贡生）的第一名，大三元是连中三元即解元、会元、状元，这是读书人能得到的不同的荣誉。

【原文】　大掾史，推美吏员；大柱石，尊称乡宦。

【译文】“大掾史”，是古代对下层官吏的雅称；“乡宦”是对担当过国家重任的人的称呼。

【原文】　　贺人学曰云程发轫，贺新冠曰元服初荣。贺人荣归谓之锦旋，作商得财谓之稛载。

【译文】祝贺他人入学宫读书，叫作云程发轫；恭贺别人举行加冠礼，叫作元服初荣。“锦旋”是用来祝贺人做官或成名后回家乡；经商发财被人们称为“稛载”。

【原文】　　谦送礼曰献芹，不受馈曰反璧。谢人厚礼曰厚贶，自谦礼薄曰菲仪。

【译文】相传古代有人自认为芹菜是蔬菜中最好吃的，并将其推荐给乡里富豪们，富豪一尝，叫苦不迭，这个人受到众人讥笑，十分惭愧。后世自谦礼物菲薄便说献芹。春秋时晋文公重耳未登王位时被迫害，到了曹国，僖负羁把璧放在饭菜里，重耳吃了饭，退还了璧。后来常用反璧表示拒绝或退还别人的礼物。厚贶是感谢人家丰厚礼物的词语，菲仪是自谦礼品菲薄的词语。

【原文】　　送行之礼谓之赆仪，拜见之贽谓之贽敬。贺寿仪曰祝敬，吊死礼曰奠仪。

【译文】送人远行的礼仪，称为“赆仪”；参见尊长所送的礼品，称为“贽敬”。祝贺寿辰的礼品，称为“祝敬”；送给办丧事人家的礼品，称为“奠仪”。

【原文】　　请人远归曰洗尘，携酒送行曰祖饯。犒仆夫谓之旌使，演戏文谓之俳优。

【译文】宴请远方归来的人，称为“洗尘”；远行时送者饮酒作别，称为“祖饯”。犒劳奴仆佣人，叫作“旌使”；表演戏剧的人，叫作“俳优”。

【原文】　　谢人寄书曰辱承华翰，谢人致问曰多蒙寄声。望人寄信曰早赐玉音，谢人许物曰已蒙金诺。具名帖曰投刺，发书函曰开缄。

【译文】感谢别人写信，说“辱承华翰”；对别人的问候表示感谢，说“多蒙寄声”。盼望别人来信，常说“早赐玉音”；感谢他人答应赠送礼物，常说“已蒙金诺”。投送名片，叫作投刺，拆开书信，叫作开缄。

【原文】 思慕久曰极切瞻韩，想望殷曰久怀慕蔺。相识未真曰半面之识，不期而会曰邂逅之缘。

【译文】 思念仰慕时间很长了，称作“极切瞻韩”；十分迫切地向往，称作“久怀慕蔺”。已经认识但还不够真切，叫作半面之识；没有相约而遇到，叫做邂逅之缘。

【原文】 登龙门得参名士，瞻山斗仰望高贤。一日三秋言思慕之甚切，渴尘万斛言想望之久殷。

【译文】 “登龙门”形容可以加入名士行列；“瞻山斗”形容敬仰德高望重的人。“一日三秋”，是说思念友人的心情非常深切；“渴尘万斛”，形容盼望见友人的心情非常迫切。

【原文】 睽违教命乃云鄙吝复萌；来往无凭则曰萍踪靡定。

【译文】 鄙吝复萌说的是违背教导命令；萍踪靡定讲的是来去没有凭准。

颜 渊

【原文】 虞舜慕唐尧，见尧于羹，见尧于墙；颜渊学孔圣，孔步亦步，孔趋亦趋。

【译文】 唐尧死后，虞舜十分想念，吃饭时看见尧在羹汤里，坐着看见尧在墙上；孔子的学生颜渊学孔子，孔子慢走，他也慢走，孔子快走，他也快走。

【原文】 曾经会晤曰向获承颜接辞；谢人指教曰深蒙耳提面命。

【译文】 见面的时候，常说十分荣幸见到对方；感谢别人指导教诲，常说很荣幸地提耳倾听当面教导。

【原文】 求人涵容曰望包荒；求人吹嘘曰望汲引。求人荐引曰幸为先容，求人改文曰望赐郢斫。

【译文】 求别人包涵、体谅，就说“望包荒”；求别人宣传自己，就说“望汲引”。请求人家推荐，叫作幸为先容；请求他人修改文章，叫作望赐郢斫。

【原文】借重鼎言是托人言事，望移玉趾是浼人亲行。多蒙推毂，谢人引荐之辞；望作领袖，托人首倡之说。

【译文】“借重鼎言”，是拜托别人去说事；“望移玉趾”，是请求（他）移动脚步亲自前往。“多蒙推毂”，是用来表示对他人举荐人才的感谢；“望为领袖”，是请别人带头的话语。

【原文】言辞不爽谓之金石语；乡党公论谓之月旦评。

【译文】说过的话语不收回不改变，被说成是像金与石一样可靠；东汉许劭与堂兄许靖每逢月末月初，就将乡里的人作一番评论，权威性很大，被视为公论，称为月旦评。

【原文】逢人说项斯表扬善行；名下无虚士果是贤人。

【译文】唐朝时，未成名的项斯把诗稿送给杨敬之，希望得到提携。杨写了一首诗赠给他说：“平生不解藏人善，到处逢人说项斯。”诗传到长安，次年项斯便高中了，后来称替人说好话为说项；南北朝时姚察的才学为人推重，沛国刘臻找出《汉书》中十几条疑难问题让姚解答，姚分析得头头是道，有根有据，事后刘臻说：“名下无虚士”，以此形容有真才实学的人。

【原文】党恶为非曰朋奸，尽财赌博曰孤注。

【译文】与凶恶的人结党，胡作非为，叫作朋奸；拿出全部的钱财来进行赌博，叫作孤注。

【原文】徒了事曰但求塞责，戒明察曰不必苛求。方命是逆人之言，执拗是执己之性。

【译文】只是将事情化解掉，叫作“但求塞责”；清查得不彻底，办事不认真称为“不必苛求”。不按对方嘱托办事称为“方命”；言辞“执拗”是指固执己见的性格。

【原文】曰觊觎曰睥睨，总是私心之窥望；曰倥偬曰旁午，皆言人事之纷纭。小过必察谓之吹毛求疵；乘患相攻谓之落井下石。

【译文】总是怀着不可告人的目的窥探、观望，被称为“觊觎”、“睥睨”；称人际之间多事，纷忙，纵横纷杂为“倥偬”“旁午”。即使非常小的过失也非得清察不可，叫作“吹毛求疵”；见人有难趁机加害，叫作“落井下石”。

【原文】**欲心难厌如溪壑，财物易尽若漏卮。**

【译文】春秋时代晋国的叔鱼出生时，他母亲说他生的虎目猪嘴，鹰肩牛腹，溪壑可以填满，他的贪欲却是无法得到满足的，后人把贪欲之心难以满足称为如同溪壑；财物就像将酒放入漏卮一样难以保持。

【原文】**望开茅塞是求人之教导；多蒙药石是谢人之箴规。**

【译文】请求别人的教导称“望开茅塞”；“多蒙药石”，是说感谢别人很好的忠告规劝之言。

【原文】**芳规芳躅皆善行之可慕；格言至言悉嘉言之可听。无言曰缄默，息怒曰霁威。**

【译文】“芳规”“芳躅”，形容前辈贤哲值得效法的行迹；“格言”“至言”，指的是有益、值得听取的佳句。不说话称作“缄默”；停止发怒，称作“霁威”。

【原文】**包拯寡色笑，人比其笑为黄河清；商鞅最凶残，常见论囚而渭水赤。**

【译文】包公很少露出笑容，当时人说包公笑好比“黄河清”；商鞅最凶残，一次在渭河边处决了很多囚犯以至于渭水都变红了。

包 拯

【原文】**仇深曰切齿，人笑曰解颐。人微笑曰莞尔，掩口笑曰胡卢。大笑曰绝倒，众笑曰哄堂。**

【译文】深仇大恨人们常用“切齿”来形容，使人发笑就常用“解颐”一词。“莞尔”是指人的微笑；“胡卢”是指人捂住嘴巴笑。大笑叫作绝倒，众人在一起笑叫作哄堂。

【原文】 留位待贤谓之虚左，官僚共署谓之同寅。

【译文】战国时魏国公子信陵君礼贤下士，他曾驾车请过一个叫侯嬴的守门人，并空下左边位置（古人以左位为上位）等待侯嬴坐，后人便把预留位置等待贤人来任职称之为“虚左”；古代官僚们共同在一个官署（部门）工作称为“同寅”。

【原文】 人失信曰爽约，又曰食言；人忘誓曰寒盟，又曰反汗。

【译文】人说话不算数，失约叫爽约，又叫自食其言。春秋时鲁哀公与吴国会于橐皋这个地方，吴国使者提出要寻盟即重新研究以前的盟约，鲁国使者子贡反驳说：订盟就要信守，决不能改，后人把忘记或背叛了誓言叫寒盟，汉代刘向用汗来比作号令，说出了汗就收不回来，如果收回就是反汗，所以背叛誓言又叫反汗。

【原文】 铭心镂骨感德难忘；结草衔环知恩必报。

【译文】铭是在金石上刻字，镂是雕刻，铭于心镂于骨，形容感念恩德之深；结草、衔环是古代有名的报恩故事。相传春秋时晋国大夫魏武子生病时对儿子魏颗说：我死之后，让我的爱妾嫁人吧。临终又说：让自己的爱妾来殉葬。武子死后，魏颗未听父亲的话，把父亲的爱妾嫁出去了。后来与秦交战时魏颗遭遇危险，多亏一老人结草为绳抵挡敌人，救了他一命。老人托梦于颗，我就是嫁出去那妇人的父亲。又传东汉杨宝九岁时，见一只黄雀受了重伤，便带回家精心养护百余天，雀伤愈晨飞走夜归，一夜化作黄衣童子送杨宝四枚白玉环。后人把这两个故事称作知恩必报。

【原文】 自惹其灾谓之解衣抱火，幸离其害真如脱网就渊。两不相入谓之枘凿，两不相投谓之冰炭。

【译文】自己招惹灾祸，称之为“解衣抱火”；庆幸自己逃离灾难，常说“脱网就渊”。双方不能相互容纳，叫作“枘凿”；双方不相合，叫作“冰炭”。

【原文】 彼此不合曰龃龉，欲进不前曰趑趄。落落，不合之词；区区，自谦之语。

【译文】用“龃龉”来表示相互合不来；用“趑趄”来表示想要前进又不可能。“落落”，是形容孤独少援的词；“区区”，是表示自谦，说自己微不足道。

【原文】　竣者作事已毕之谓，醵者敛财饮酒之名。赞襄其事谓之玉成，分裂难完谓之瓦解。

【译文】“竣”，指做一件事已完成，“醵”，指大家凑钱买酒喝。帮助他人把事情办成，叫作玉成；东西分裂很难再恢复原来的面貌，叫作瓦解。

【原文】　事有低昂曰轩轾，力相上下曰颉颃。凭空起事曰作俑，仍前踵弊曰效尤。

【译文】如果说事情有高下之分，说是“轩轾”；力量有上下之分，说是“颉颃”。始创某件坏事，常用“作俑”一词；仍然跟随弊端效法坏的东西，常用“效尤”一词。

【原文】　手口共作曰拮据，不暇修容曰鞅掌。手足并行曰匍匐，俯首而思曰低徊。

【译文】手和口共用来做事情，叫作拮据；没有空闲修整仪容，叫作鞅掌。手脚并用在地上爬行，常用“匍匐”来形容；低着脑袋深深思考，常用“低徊”来形容。

【原文】　明珠投暗大屈才能，入室操戈自相鱼肉。

【译文】战国时邹阳给梁孝王上说，把明珠在暗处扔到人身上，任何人都一定握紧宝剑，四目巡视，后以此比喻有才能的人受压抑不得施展；别人进自己屋里拿自己的戈矛打自己，一家人拿起武器、自相残杀，自己人把对方当作鱼肉。

【原文】　求教于愚人是问道于盲，枉道以干主是炫玉求售。

【译文】人们用“问道于盲”来形容向愚蠢的人求救，常用“炫玉求售”来形容不以正道来求得君主的重用。

【原文】　智谋之士所见略同，仁人之言其利甚溥。

【译文】三国时吴国周瑜上书孙权说刘备不会长久居人之下，一旦蛟龙得到云雨，就会飞上天去。刘备听说后说：天下智谋之士，所见略同。春秋时齐景公问晏婴：你家离市场很近，什么东西贱？当时齐国刑法很重，晏婴回答说：受刖刑（斩脚趾）人穿的踊贵，一般人穿的鞋贱。齐景公听后，减轻了刑罚。当时有评论说：仁人之言，其利甚广。

孟 子

【原文】 **班门弄斧不知分量，岑楼齐末不识高卑。**

【译文】 在木匠鲁班的门前卖弄使用斧子的技艺，那就是不自量力；孟子说过：如果不从根底去量，而把一寸长木头放在楼尖以上去量，那么一寸长的木头将高于尖顶的高楼了，这就混淆了高低。

【原文】 **势延莫遏谓之滋蔓难图，包藏祸心谓之人心叵测。作舍道旁议论多而难成，一国三公权柄分而不一。**

【译文】 势力延伸而不能使它停止，叫作滋蔓难图；肚子里包藏着祸害之心，叫作存心叵测。用“道旁作舍”一词来形容人多意见不同，难于办成事情；用“一国三公”来形容国家权力分散，政出多门，令人无所适从。

【原文】 **事有奇缘曰三生有幸，事皆拂意曰一事无成。**

【译文】 如果事物有奇特的缘分，就说“三生有幸”；每件事情都不随心所愿，就说“一事无成”。

【原文】 **酒色是耽如以双斧伐孤树，力量不胜如以寸胶澄黄河。**

【译文】 沉溺在美酒和女色之中，好比用双斧来砍伐孤树；力量不能够胜任，好像用寸胶来使黄河水澄清。

【原文】 **兼听则明，偏听则暗，此魏征之对太宗；众怒难犯，专欲难成，此子产之讽子孔。**

【译文】 多听各方面的意见，看事情就明白，只听一面之词，看事情就易模糊，这是唐代魏征回答唐太宗的名言；群众愤怒是不可冒犯的，愿望只为自己着想是难以实现的，这是子产劝谏子孔时说的。

【原文】 **欲逞所长谓之心烦技痒；绝无情欲谓之槁木死灰。**

【译文】用"心烦技痒"来形容急欲表现自己的特长；用"槁木死灰"来形容对周围一切事情都失去了兴趣和要求。

【原文】　　座上有江南，语言须谨；往来无白丁，交接皆贤。

【译文】古乐府有一首《鹧鸪曲》，江南人听了会思念家乡，所以宋代黄庭坚诗中说"座中亦有江南客，莫向春风唱鹧鸪"，后来人们常用"座上有江南"来提醒人讲话要谨慎，不要触动他人的心事。唐代刘禹锡在《陋室铭》中说"谈笑有鸿儒，往来无白丁"。白丁即没有考取功名的人，这是表明与他交往的人都是有地位、有学问的。

【原文】　　将近好处曰渐入佳境，无端倨傲曰旁若无人。

【译文】晋代大画家顾恺之吃甘蔗，由梢至根，别人问他这是什么原因，他说"渐入佳境"；无端即没有一定理由，这样的不恭敬叫旁若无人，就是不把别人放在眼里。

【原文】　　借事宽役曰告假，将钱嘱托曰夤缘。事有大利曰奇货可居；事宜鉴前曰覆车当戒。

【译文】借口有事请求宽免劳役工作，叫"告假"；用钱来将关节打通，叫作"夤缘"。事物有大的利益，叫作"奇货可居"；做事应当借鉴前车之事故，叫作"覆车当戒"。

【原文】　　外彼为此曰左袒；处事两可曰模棱。敌甚易摧曰发蒙振落，志在必胜曰破釜沉舟。

【译文】在彼此两方之间，偏向于这一边称作"左袒"；不能够决断地处理事情称作"模棱"。敌人很容易挫败，叫作"发蒙振落"；下定决心要取得胜利，叫作"破釜沉舟"。

【原文】　　曲突徙薪无恩泽，不念预防之力大；焦头烂额为上客，徒知救急之功宏。

【译文】西汉宣帝时，霍光仰仗当皇后的女儿的势力，骄横霸道，徐福上书建议抑制霍光的权势，皇帝没有听从。后来霍光犯罪被杀，凡上告霍光的人都受到封赏，而徐福却未受任何奖赏。于是有人向皇帝上书打比方说：

有位客人见主人家的烟囱是直的，在灶旁还堆着柴草，这样极易发生火灾，便建议主人将烟囱改成弯的，搬走灶旁的柴草，主人未采纳他的意见。后来果然发生了火灾，把火扑灭后，主人把前来救火弄得焦头烂额的人都待为上宾，而建议改造烟囱、搬走柴草的人却未受到一点报答，这是因为主人只知救急有功，不知献上预防之策的贡献更大。

【原文】 **贼人曰梁上君子，强梗曰化外顽民。竹头木屑皆为有用之物，牛溲马渤可备药石之资。**

【译文】 小偷，被称作"梁上君子"；如果人强横无知，就要被称作"化外顽民"了。"竹头""木屑"，这些细小之物也会有很大的用处；要把"牛溲""马渤"收集起来，这些都是制药的原料。

【原文】 **五经扫地，祝钦明自亵斯文；一木撑天，晋王敦未可擅动。**

【译文】 祝钦明是唐代国子祭酒，即中央教育机构的主管，一次皇帝叫他跳八风舞，因为他身体肥胖，跳舞时出了许多丑态。侍郎卢藏用评论说：祝公五经扫地矣，是说祝钦明辱没了读书人的名声。传说晋代王敦预谋叛乱，梦见一木撑天，便求许真君解梦。许说：木字加一，这是"未"字，这是警告说不要轻举妄动。

【原文】 **题凤题午，讥友讥亲之隐词；破麦破梨，见夫见子之奇梦。**

【译文】 晋代吕安与嵇康是好朋友，一次吕安访嵇康，恰好嵇康外出不在，其兄嵇喜请吕安进屋，吕在门上写了个凤字就走了。这是讽刺嵇喜。李安义访富人郑生，郑家说郑已外出，李在门上写了个"午"字便回去了。李对人解说：午字是牛字不出头是在讽刺郑生。所以说题凤题午都是讽刺友人的含蓄之词。传说宁波一妇人在战乱中与丈夫、儿子失散，寄住尼姑庵中，梦见有人让她把麦粒破开，见到了麸面，并告诉她：你马上就要和丈夫见面了。不久果然灵验。一人儿子出门在外，他十分想念，夜里梦见与儿子一起剖开梨吃。自认为剖梨是分离之兆。第二天对友人谈了这个梦，友人说，剖开梨，就见到子（指梨核）了。不出十天，那人果然见到了自己的儿子。

【原文】 **毛遂片言九鼎，人重其言；季布一诺千金，人服其信。**

【译文】九鼎相传是夏禹所铸的九个鼎，是国家政权的象征。战国时代，秦国进攻赵国，赵国平原君的门客毛遂出使楚国，说服楚国出兵救赵，事后平原君赞扬毛遂三寸舌胜百万兵，一番话使赵国在各国的地位重于九鼎；季布是汉高祖刘邦的部将，当时楚国有谚语：得黄金百斤，不如季布一诺。

【原文】**岳飞背涅精忠报国；杨震惟以清白传家。**

【译文】岳飞的背上刺有“精忠报国”四个字，并把这四个字染黑了；汉代人杨震不为后人置地产，被人称为“清白传家”。

杨 震

【原文】**下强上弱曰尾大不掉；上权下夺曰太阿倒持。**

【译文】下属权力强大，上面权力弱小，就像动物的尾巴过大难以掉转；上面权力被下属篡夺，就像倒拿着太阿剑一样。

【原文】**当今之世，不但君择臣，臣亦择君；受命之主，不独创业难，守成亦不易。**

【译文】在现在这个时代，不但为君的要选择为臣的，而且为臣的也要选择为君的；受天命而做君主的，不只是创业难，守住祖上的大业也不是容易的事情。

【原文】**生平所为皆可对人言，司马光之自信；运用之妙惟存乎一心，岳武穆之论兵。**

【译文】人一生所作所为都可以对他人诉说，这是宋代名臣司马光用以表明自信的话语；作战有一定的规律，但如何巧妙地把握还在于自己的用心，这是南宋名臣岳飞对用兵之术的体验。

【原文】**不修边幅谓人不饰仪容，不立崖岸谓人天性和乐。蕞尔幺麽言其甚小，卤莽灭裂言其不精。**

【译文】不修边幅，是说人不修饰自己的仪容；不站立在山崖、岸边，是说人性格和气。用“蕞（zuì）尔”“幺麽”来形容微小不足道；用“卤莽”“灭裂”来形容做事不精细。

【原文】误处皆缘不学，强作乃成自然。

【译文】追究所犯错误的根源，都是由于没学问；强迫自己去做好事，久而久之也会成为习惯。

【原文】求事速成曰躐等，过于礼貌曰足恭。假忠厚者谓之乡愿，出人群者谓之巨擘。

【译文】希望赶紧把事情处理完成，叫作躐等；待人过分客气，叫作足恭。表面忠实厚道，实则与世同流合污的人，被人们称为“乡愿”；在人群中出类拔萃的人，称之为“巨擘”。

【原文】孟浪由于轻浮，精详出于暇豫。为善则流芳百世，为恶则遗臭万年。

【译文】孟浪也称鲁莽，是由于言行举止不严肃不庄重；办事细密周到，是因为时间充裕，悠闲逸乐。多做善事，那么就能流芳百世；干尽坏事，必定遗臭万年。

【原文】过多曰稔恶，罪满曰贯盈。

【译文】过失、错误太多了，叫作“稔恶”；罪恶累累，绳结满了一贯，已经到了末日，叫作“贯盈”。

【原文】尝见冶容诲淫；须知慢藏诲盗。

【译文】曾经见到，女子将自己的容貌妆扮得妖冶是教唆人淫乱；必须知道，不注意收藏东西是教唆人偷盗。

【原文】管中窥豹所见不多，坐井观天知识不广。无势可乘，英雄无用武之地；有道则见，君子有展采之思。

【译文】“管中窥豹”，形容所见到的很少；“坐井观天”，形容学识、见闻不多。没有好的机会或机遇，常说成“英雄无用武之地”；当政治清明的时候出来做事，便说是“君子有展采之思”。

【原文】求名利达曰捷足先得；慰士迟滞曰大器晚成。

【译文】求名和利顺利得到，叫作捷足先得；安慰仕途不顺利的文人，就说大器晚成。

【原文】 不知通变曰徒读父书；自作聪明曰徒执己见。浅见曰肤见；俗言曰俚言。

【译文】 不知变通而死守教条，就像赵括白读了父亲的兵书，叫“徒读父书”；自作聪明、自以为是，称作“徒执己见”。浅薄的见解，好比看人只能看见肌肤的表面，不能看到内心，称作“肤见”，即表面的看法；通俗流行的语言称作“俚言”，即方言俗语。

【原文】 识时务者为俊杰；昧先几者非明哲。

【译文】 能够认清形势发展趋势、紧跟时代潮流的人，才是英雄豪杰；不能事先看出趋势的人，就不是一个洞察事理的人。

【原文】 村夫不识一丁，愚者岂无一得。拔去一丁谓除一害，又生一秦是增一仇。

【译文】 唐代张弘靖对战士说：现在天下无事，你们能拉开两石的弓，还不如认识一个丁字。后演化成“不识一丁”和“目不识丁”；而愚人千虑，怎么可能没有收获。“拔去一丁”，是说除掉专权的丁谓，形容消灭一个祸害；“又生一秦”，是说秦未灭，如果杀死武臣，陈胜就又多了一个对手，形容增加一个仇敌。

【原文】 戒轻言曰恐属垣有耳，戒轻敌曰勿谓秦无人。同恶相帮谓之助桀为虐，念心无厌谓之得陇望蜀。

【译文】 告诫人不要随便发言，常说“恐属垣有耳”；告诫人不要轻视敌人，常说“勿谓秦无人”。与恶人互相帮忙，称作“助桀为虐”，即帮助恶人做坏事；形容贪得无厌，可以说“得陇望蜀”，即已占领甘肃，又望着四川。

【原文】 当知器满则倾；须知物极必反。

【译文】 应当知道，器盛满了，就会倾斜；并且须明白，事物达到了极限，就会向相反的方向转化。

【原文】 喜嬉戏名为好弄，好笑谑谓之诙谐。谗口交加，市中可信有虎；众奸鼓衅，聚蚊可以成雷。

【译文】喜欢游戏，叫作“好弄”；好开玩笑，说话风趣，称作“诙谐”。进谗言的反复鼓吹，就会使人相信市上有虎；众奸制造事端挑拨离间，蚊子聚多其声汇集也像雷鸣一样响。

【原文】**萋菲成锦谓谮人之酿祸，含沙射影言鬼蜮之害人。针砭所以治病，鸩毒必至杀人。**

【译文】萋菲成锦，比喻谗佞之人罗织他人的细小过失加以编造定成大罪；含沙射影，比喻鬼蜮般地陷害别人。针砭可以用来治病（古代以砭（biān）石为针，后称针灸治病为针砭）；鸩（zhèn）毒（即用鸩鸟羽毛制成的毒药、毒酒）必然是用来杀人的。

【原文】**李义府阴柔害物，人谓之笑里藏刀；李林甫奸诡陷人，世谓之口蜜腹剑。代人作事曰代庖，与人设谋曰借箸。**

【译文】李义府表面温柔谦恭，暗中却伤害异己，人们称他是“笑里藏刀”；李林甫表面和气，实际诡计多端陷害他人，世人称他是“口蜜腹剑”。代替别人做事，称作“代庖”，即犹如替厨师做饭；替人设计谋划，称作“借箸”。

【原文】**见事极真曰明若观火，对敌易胜曰势若摧枯。汉武内多欲而外施仁义，相如先国难而后私仇。**

【译文】形容察看事物极为真切，便说“明若观火”；形容对敌作战轻易获胜，便说“势若摧枯”。汉武帝内心很多嗜欲，但对外却仿效尧舜施行仁义；蔺相如先考虑的是国家的危难，而把个人私仇放在后面。

【原文】**卧榻之侧岂容他人鼾睡，宋太祖之语；一统之世真是胡越一家，唐高祖之时。至若暴秦以吕易嬴，是嬴亡于庄襄之手；弱晋以牛易马，是马灭于怀愍之时。**

【译文】“卧榻之侧岂容他人鼾睡”，是宋太祖在开国之初要铲除南唐后主李煜的名言；国家统一，形成“胡越一家”的局面，是唐高祖在未央宫命

唐高祖李渊

突厥可汗起舞时的盛事。至于残暴的秦朝，用吕氏代替了嬴姓，是因为嬴秦已经亡在庄襄王的手上了；衰弱的晋朝用牛姓取代了司马氏，是因为司马氏已经灭在怀帝、愍帝当政的时候了。

【原文】　**中宗亲为点筹于韦后，秽播千秋；明皇赐洗儿钱于贵妃，臭遗万代。**

【译文】唐中宗的皇后韦后与武三思私通，韦后与武三思玩双陆棋时，唐中宗竟为他们计筹码当裁判，这个丑闻传至千年以后；唐明皇（玄宗）的妃子杨贵妃认安禄山做干儿子，两人关系暧昧，杨贵妃在宫中要为安禄山行洗儿礼，唐明皇竟赏赐贵妃洗儿钱，这样的丑事遗臭万代。

【原文】　**非类相从不如鹑鹊，父子同牝谓之聚麀。以下淫上谓之蒸，野合奸伦谓之乱。**

【译文】不是一个种类而偏要去追求，不如鹌鹑、喜鹊成双成对飞行；父亲与儿子共同姘居一个女人，如同禽兽一样，称作“聚麀”。晚辈男性与长辈女性通奸，称之为“蒸”；没有婚姻关系的人通奸、乱伦的男女关系，称之为“乱”。

【原文】　**从来淑慝殊途，惟在后人法戒；斯世清浊异品，全赖吾辈激扬。休休莫莫，禁止之词；衮衮匆匆，仓皇之义。**

【译文】善与恶从来就是两种不同的道路，只有靠后人以善为法，以恶为戒；清廉与污浊，也是两种不同的品格标准，也全靠我们这一代除去污浊，发扬清廉。“休休”“莫莫”，是表示禁止一类的词；“衮衮”“匆匆”，是不安、草率仓皇的意思。

饮　　食

【原文】　**甘脆肥脓，命曰腐肠之药；羹藜含糗，难语太牢之滋。御食曰珍馐，白米曰玉粒。**

【译文】甘甜酥脆、肥美浓醇的食品，应当叫作烂肠的毒药；喝野菜汤，吃干粮的人，就不会懂得高贵食品的滋味。帝王吃的食物，叫作“珍馐”；白米，叫作“玉粒”。

【原文】 **好酒曰青州从事，次酒曰平原督邮。鲁酒茅柴皆为薄酒，龙团雀舌尽是香茗。**

【译文】 晋代大将军桓温手下有个主簿，善于品尝酒，他称好酒为“青州从事”，因为青州有齐县，借齐喻脐，说酒力可达肚脐；他称不好的酒为“平原督邮”，因为平原有鬲县，借鬲喻膈，说酒力只能达到横膈膜。鲁酒、茅柴都是味道淡薄的酒；龙团、雀舌，都是很香的名茶。

【原文】 **待人礼衰曰醴酒不设，款客甚薄曰脱粟相留。竹叶青、状元红俱为美酒；葡萄绿、珍珠红悉是香醪。**

【译文】 待人礼貌不周，称作“醴酒不设”；招待客人的饮食很菲薄，称作“脱粟相留”，指用未舂过的米来留待宾客。竹叶青、状元红，都是美酒；葡萄绿、珍珠红全是醇酒。

【原文】 **五斗解酲，刘伶独溺于酒；两腋生风，卢仝偏嗜乎茶。茶曰酪奴又曰瑞草，米曰白粲又曰长腰。**

【译文】 要吃下五斗酒，才能戒除嗜酒的毛病，这是刘伶沉溺饮酒的狂言；“两腋生风”，是卢仝偏爱饮茶的诗句。茶叫作酪奴，又称作瑞草；米叫作白粲，又称作长腰。

刘 伶

【原文】 **太羹玄酒亦可荐馨，尘饭涂羹焉能充饥。酒系杜康所造，腐乃淮南所为。**

【译文】 太羹与水酒，虽然没有盐梅调和，也可以祭祀祖先，同样散发出香气；尘土为饭，泥水为汤，怎么能用来饱腹呢。酒是杜康最早造出来的；豆腐是淮南王刘安始创。

【原文】 **僧谓鱼曰水梭花，僧谓鸡曰穿篱菜。临渊羡鱼不如退而结网，扬汤止沸不如去火抽薪。**

【译文】和尚称鱼在水里游来游去，同机梭一般是“水梭花”；和尚称鸡在篱笆间穿来穿去寻找食物，是“穿篱菜”。临近水潭边，羡慕游鱼，不如回去织好鱼网，那样才有可能捞到鱼；把热水扬起以降温，不如撤掉锅底的薪柴。

【原文】**羔酒自劳，田家之乐；含哺鼓腹，盛世之风。人贪食曰徒哺啜，食不敬曰嗟来食。**

【译文】烹烤羊羔，酿制美酒，自己犒劳自己，是农家的欢乐；口中含着食物，鼓起肚子，天真纯朴，毫不做作，是盛世民风。人贪求吃喝，又无所作为，叫作徒哺啜，指白白糟踏了粮食；把食物给别人吃，却不恭敬，叫作嗟来食。

【原文】**多食不厌谓之饕餮之徒，见食垂涎谓有欲炙之色。未获同食曰向隅，谢人赐食曰饱德。**

【译文】百吃不厌，称之为“饕餮之徒”；见到食物流下三尺涎水，称之为有“欲炙之色”。未获得一起用餐待遇，称为“向隅”；感谢别人宴请，称为“饱德”。

【原文】**安步可以当车，晚食可以当肉。**

【译文】从容缓慢地步行，可以当成是坐车一样轻松舒适；将饭时推后，由于饿便会觉得饭菜香，可以当作吃的是肉一样有滋有味。

【原文】**饮食贫难曰半菽不饱，厚恩图报曰每饭不忘。谢扰人曰兵厨之扰，谦待薄曰草具之陈。**

【译文】饮食贫困艰苦，无精美粮食，只能用豆子与野菜掺拌煮饭，叫作半菽不饱；深厚的恩德，图谋报答，叫作每饭不忘。晋朝的阮籍嗜酒，听说军中步兵厨贮酒三百斛，便请求去做兵步校尉，后人谢人留饭，表示打扰，称为“兵厨之扰”；自谦待客食物不丰美，是用草具陈设的酒菜，称为“草具之陈”。

【原文】**白饭青刍，待仆马之厚；炊金爨玉，谢款客之隆。家贫待客，但知抹月披风；冬月邀宾，乃云敲冰煮茗。**

【译文】“白饭青刍”是形容待客的礼遇丰厚；“炊金爨玉”，常用来感谢主人款待客人隆重。家贫招待客人，知道没有丰美的物品，只好推开窗，让明月抹胸，让清风拂身；每到冬月邀请宾客，取河里的冰，烧水冲茶，款待客人。

【原文】**君侧元臣若作酒醴之曲蘖，朝中家宰若作和羹之盐梅。宰肉甚均，陈平见重于父老；戛羹示尽，丘嫂心厌于汉高。**

【译文】皇帝身边最受重用的大臣在决定国家大事中的作用，就像酿甜酒时的酒酿，至关重要；朝廷里的宰相的作用，就像熬汤时不可缺少的调料盐与梅。由于割肉分配平均，陈平受到父老的器重；敲击汤锅表示锅内的汤没有了，嫂子丘氏十分讨厌不务正业、混吃混喝的刘邦。

【原文】**毕卓为吏部而盗酒，逸兴太豪；越王爱士卒而投醪，战气百倍。惩羹吹齑，谓人惩前警后；酒囊饭袋，谓人少学多餐。**

【译文】毕卓担任吏部郎时，曾到邻居家偷酒喝，这是超逸豪放的意兴太过分了；越王勾践爱士兵，把别人送的美酒投入水中，让大家都喝，使军士都感念他的恩德，无不卖命。被沸热的羹汤烫过的人，连吃已冷的齑菜，都要用嘴吹一吹，说的是吸取以前的教训，以后办事多加小心；“酒囊饭袋”，指的是不学无术，只知喝酒吃饭的庸人。

【原文】**隐逸之士，漱石枕流；沉湎之夫，藉糟枕曲。昏庸桀纣，胡为酒池肉林；苦学仲淹，惟有断齑画粥。**

【译文】形容隐退于山林的读书人，常说“漱石枕流”（用石块漱口，用水流当枕头）；形容沉溺于酒的人，如沉湎于杯中物的醉鬼刘伶，常用“藉糟枕曲”（躺在酒糟上，枕在酒曲上）。昏庸之君商纣王，要以酒为池，以肉为林，挥霍无度，荒淫已极；宋代名臣范仲淹，当年贫苦好学，只有把腌菜和冷粥划成几块，以便分几次食用。

【原文】**周颙隐居钟阜，赤米自甘；卢生梦醒邯郸，黄粱未熟。小儿盗禾亩，孔琇之按罪何妨；逸马犯麦田，曹孟德自刑犹尔。**

【译文】周颙隐居钟阜山，每天吃红米饭也觉得很香甜；卢生在邯郸做梦醒来，黄粱还没有蒸熟。南朝齐代吴县县令孔琇审判十岁小儿偷稻案，有人建议轻判，但孔琇认为十岁就能做贼，长大了什么坏事干不出来？按律定罪，有什么不可以的呢？马失控入麦田，曹操为严肃军法，他剪掉自己的头发以代斩刑。

【原文】　易秕以谷，邹侯为民庶之意拳拳；煮豆燃萁，子建悟兄弟之情切切。狄山之肉，旋割旋生；青田之壶，愈倾愈溢。

【译文】用国库的粮食换百姓的秕糠，邹穆公为百姓着想的心意十分感人；煮豆子用豆秸作燃料，曹植把兄弟的情伤比喻得真切动人。神话里狄山的“视肉”，割下一块，又会生出一块；青田壶里的酒，愈倒愈多。

【原文】　我爱鹅儿黄似酒，雅可怡情；人言雀子软于绵，最堪适口。多才之士谢茶而赠我好歌，好事之徒载酒而问人奇字。

【译文】我爱鹅儿黄样的酒，可以怡养情性；人说雀子肉比棉花还要软，最能适合我的口味。唐代多才的诗人卢仝特别偏爱茶，得到别人送的好茶，写了答谢的诗歌；汉代一些附庸风雅的人，带着酒菜去向好酒大文学家扬雄求学问奇字，扬雄有问必答。

【原文】　挹东海以为醴，庶畅高怀；折琼枝以为馐，可舒雅志。云子饭可入杜句，月儿羹见重柳文。

【译文】舀东海的水作为酒浆，抒发豪情之意；折玉树枝作为干果，可表达高雅的情趣。“云子饭”被写进杜甫的诗中，“月儿羹”被皇帝拿来奖赏柳公权文章。

杜　甫

【原文】　烧鹅而恣朵颐，且愿鹅生四掌；炮鳖而充嗜欲，还思鳖著两裙。

【译文】烧鹅为解馋，恨不得鹅生出四掌；烧烤鳖裙而满足食欲，还希望鳖生两裙。

【原文】　种秫不种粳，陶公若以酒为命；窖粟不窖宝，任氏则以食为天。红苋紫茄，种满吴兴之圃；绿葵翠薤，殖盈钟阜之区。

【译文】命令家人种秫不种粳的陶公似乎把酒看作生命；窖藏粟米，而不藏珍宝，任氏则把饭食看得和天一样重要。苋菜、茄子种满吴兴太守蔡博的菜园子，人们都称赞他从政清廉；晋朝的周颙隐居在钟山时，翠绿的蔬菜和野菜种满钟山地区。

宫 室

【原文】洪荒之世，野处穴居；有巢以后，上栋下宇。竹苞松茂，谓制度之得宜；鸟革翚飞，谓创造之尽善。

【译文】远古蒙昧时代，人住在野外，居于天然洞穴；到了有巢氏教人构木为巢以后，人们有了房屋，上面是栋梁，下面是屋檐。如竹的丛生，根本之众，如松的畅茂，冬夏常青，这是说宫室制度得宜；如鸟的展翼，如雉的奋飞，这是说宫室制造得尽善。

【原文】朝廷曰紫宸；禁门曰青锁。宰相职掌丝纶，内居黄阁；百官具陈章疏，敷奏丹墀。

【译文】古代天子上朝办公的宫殿，称作“紫宸”，因殿外常年种植紫荆、枫树而得名；皇宫的门，称作“青锁”，因为在宫室中，禁止一般人通行的门上，挂有涂成青色的锁。宰相职掌着帝王的诏书，居住在“黄阁”；百官向皇帝陈述建议，是在“墀”前上奏。

【原文】木天署学士所居，紫微省中书所莅。金马玉堂，翰林院宇；柏台乌府，御史衙门。

【译文】木天署，是学士们居住的地方，穹隆高敞，犹如大树撑天；紫微省，是中书令办公的处所，因多种紫薇花而得名。“金马玉堂”，指的是翰林院；“柏台乌府”，指的是御史衙门。

【原文】布政司称为藩府，按察司系是臬司。潘岳种桃于满县，故称花县；子贱鸣琴以治邑，故曰琴堂。

【译文】布政使司称为藩府，是取保卫屏藩王室的意思，主管财赋和人事；按察使司叫作臬司，主管按察提刑之职。晋代潘岳做河阳县令，命全县遍种桃树，所以称这县为“花县”；孔子的学生宓子贱做单父县长官，每天在大堂上弹琴便把全县治理得很好，所以后世常用“琴堂”称地方官官署。

【原文】 **潭府是仕宦之家；衡门乃隐逸之宅。贺人有喜曰门阑蔼瑞；谢人过访曰蓬荜生辉。**

【译文】“潭府”，是指官宦之家；“衡门”，是指隐士所居住处所。祝贺别人有喜事，称为“门阑蔼瑞”，即门前笼罩祥云；感谢客人来访，称为“蓬荜生辉”，使茅草之屋也光辉。

【原文】 **美奂美轮，礼称屋宇之高华；肯构肯堂，书言父子之同志。土木方兴曰经始，创造已毕曰落成。**

【译文】“美奂美轮”，是《礼记》形容房屋高大华美的话；“肯构肯堂”，是《尚书》强调父子应当同心一致的话。土木工程刚刚兴起，叫作经始；创建工程已经竣工，叫作落成。

【原文】 **楼高可以摘星，屋小仅堪容膝。寇莱公庭除之外只可栽花，李文靖厅事之前仅容旋马。**

【译文】形容楼高说可以摘星辰，形容屋小说仅能容下双膝。宋朝宰相寇準院内台阶下空地只许栽花，宋朝宰相李文靖厅前只有一匹马转身的地方。

【原文】 **恭贺屋成曰燕贺，自谦屋小曰蜗庐。民家名曰闾阎，贵族称为阀阅。**

【译文】恭贺房屋建成，称为“燕贺”，取《淮南子》：“大厦落成而燕雀相贺”之意；自谦房屋小，称为“蜗庐”。平民住宅之区，叫作闾阎；贵族的门第，称为阀阅。

【原文】 **朱门乃富豪之第，白屋是布衣之家。**

【译文】“朱门”乃红色的门，是富豪之家的门第；“白屋”乃白茅覆顶的房屋，是没有取得功名的读书人的住家。

【原文】 客舍曰逆旅，馆驿曰邮亭。书室曰芸窗；朝廷曰魏阙。成均辟雍皆国学之号，黉宫胶序乃乡学之称。

【译文】旅客住宿的处所叫作逆旅；传递文书的人，中途歇息、换马的处所叫邮亭。书房，叫作“芸窗”，因芸香能降蠹虫，书室多备芸香而得名；朝廷，叫作“魏阙”，由于古代常在宫门前悬挂法令，所以得名。“成均”“辟雍”，是国家学府称呼；“黉宫”“胶序”，是地方学校的代号。

【原文】 笑人善忘曰徙宅忘妻，讥人不谨曰开门揖盗。何楼所市皆滥恶之物，垄断独登讥专利之人。

【译文】取笑他人好健忘，叫作徙宅忘妻，指搬家时忘了携带妻子；讥讽他人不谨慎，叫作开门揖盗，指打开门揖请盗贼进宅。“何楼所市”，表示都是伪劣商品；“垄断独登”，讥刺那些独霸专利的商人。

【原文】 筚门圭窦系贫士之居，瓮牖绳枢皆窭人之室。宋寇准真是北门锁钥，檀道济不愧万里长城。

【译文】“筚（bì）门圭窦”（用竹条或树枝编做门洞），是贫困文人的住房；“瓮牖（yǒu）绳枢（用坛子口做窗户，以绳子拴门轴），是指居室简陋，家境贫穷的人的住宅。宋真宗派寇準掌管天雄军，契丹使者对寇準说：“相公望重，何不在中书？”寇準回答说：“皇上以朝廷无事，天雄军乃北门锁钥，非准不可。”南朝的檀道济领兵伐魏，粮食吃完后便在晚上大声吆喝着称沙子，伪装粮食充足，使魏军不敢来追，不愧是万里长城。

【原文】 榱题一建，风雨攸除。百堵皆兴，周邦巩固；重门洞辟，宋殿玲珑。

【译文】房屋屋椽的前端已完工，风雨之害可免去。“百堵皆兴”（成百面墙都建起来），表明周朝的强大、巩固；“重门洞辟”（层层大门全部敞开），宋朝宫殿巧夺天工，人人可见。

【原文】 晋公堂下植三槐，相臣地位；靖节门前栽五柳，隐士家风。

【译文】宋初大臣王晋公（即王祐在自己堂前种下象征三公的三棵槐树，说：吾子孙必有为三公者，后来他儿子王旦果然做了宰相；陶靖节（即陶渊明）在门前栽了五棵柳树，自称五柳先生，表明自己归隐田园的志趣。

【原文】　**退思岩是鱼头参政退思室，知妄室乃半山居士知妄处。蓂生神尧阶下，竹秀唐帝宫前。**

【译文】“退思岩”，是鱼头参政鲁宗道退朝思索的房间；“知妄室”，是半山居士王安石反省自己错误的处所。一种瑞草生在尧的居处阶下，每月从初一起，一天生一叶，十五天后每天落一叶；秀竹立于唐玄帝皇宫前，唐玄宗对诸王说：“兄弟相亲，当如此竹。”

【原文】　**夹马营中异香遍达，盘龙斋内瑞气常臻。**

【译文】传说宋太祖赵匡胤在夹马营这地方出生的时候，红光满屋，异香久久不散；宋武帝刘裕幼年在盘龙斋读书时，室内常充盈着祥瑞之气。

赵匡胤

【原文】　**月榭已成，剩有十分佳景；雪巢既构，应无半点尘埃。避风台妃子扬歌；凌烟阁功臣列像。**

【译文】唐代的月榭已经建筑成功了，尽有十分的好景；宋朝的雪巢已经构筑好了，应该不会有半点尘埃。西汉成帝皇后赵飞燕体轻不胜风，成帝为她建七宝避风台，飞燕在台上为成帝唱歌；唐太宗为表彰功臣于贞观十七年建了凌烟阁，用以陈列功臣的画像，以不忘他们血战疆场，奠定大唐天下的丰功伟绩。

【原文】　**碧鸡坊里神仙至，朱雀桥边士子游。浣花溪上草堂，最是杜公乐地；至道坊间土窟，更为司马胜居。**

【译文】碧鸡坊是神仙下凡的地方；朱雀桥是秀才游览的地方。成都浣花溪边的草堂，是杜甫所喜欢的居处；洛阳至道坊的土窟（地下室），是司马光避暑的地方。

器　用

【原文】一人之所需，百工斯为备。但用则各适其用；而名则每异其名。

【译文】一个人生活中所需要的东西，需要各行各业的工匠为他准备。各种器具用途不相同，名称自然也就不一样。

【原文】管城子、中书君悉为笔号；石虚中、即墨侯皆为砚称。墨为松使者，纸号楮先生。

【译文】秦始皇时，有个中山人叫毛颖，封在管城，所以人称管城子，后来他又被拜为中书令，人称中书君，后来，人们把管城子和中书君作为对毛笔的称呼；石虚中，是古代南越人，字居默，曾封即墨侯，为人器度方圆，后人把石虚中和即墨侯作为对砚台的称呼。传说唐玄宗用的墨上，有一个小道士如蝇行走，自称是墨精，号松使者，所以墨又称“松使者”；楮先生是会稽人，与毛颖友好，出处必偕，所以人们称毛颖为笔，称楮先生为纸。

【原文】纸曰剡藤又曰玉版，墨曰陈玄又曰龙脐。共笔砚，同窗之谓；付衣钵，传道之称。

【译文】因为剡溪的藤条能造纸，成都浣花溪的纸光洁如玉，所以纸称为“剡藤”，又称为“玉版”；墨，称为“陈玄”，又称为“龙脐”。“共笔砚”，是同窗（同学）的另一种说法；“付衣钵”，是向弟子传授的意思。

【原文】笃志业儒曰磨穿铁砚，弃文就武曰安用毛锥。

【译文】五代时的桑维翰屡次应举不被录取，他便用铁铸成一方砚台，发誓如果铁砚磨穿就不再应举，后人把意志坚定求学，称为“磨穿铁砚”；五代时的宏肇曾说：“安朝廷、定祸乱，直须长枪大剑，毛锥子（指笔） 安足用哉？”后人就把弃文从武，称为“安用毛锥”。

【原文】　剑有干将镆铘之名，扇有仁风便面之号。

【译文】传说春秋末吴国铸剑的匠人干将与妻子镆铘，为吴王造了阴阳二剑，剑也以他们的名字命名；晋袁宏就任东阳令，谢安送行赠一扇，袁宏说："即当奉扬仁风，慰彼黎庶（百姓）。"汉张敞走马章台街，以便面拊（fǔ）马。后世便把仁风和便面作为扇子的别名。

干镆炼剑图

【原文】　何谓箑？亦扇之名；何谓籁？有声之谓。小舟名蚱蜢，巨舰曰艨艟。

【译文】什么叫作"箑"？箑是一种瑞草，叶能生风，所以它也是扇子的名称；什么叫作"籁"？风声为天籁，水声为地籁，笙竽之声为人籁，所以它是声音的称号。小船，名叫"蚱蜢"；大型战舰，叫作"艨艟"。

【原文】　金根是皇后之车；菱花乃妇人之镜。银凿落原是酒器，玉参差乃是箫名。

【译文】"金根"，是皇后、太后乘的车子；"菱花"，是妇人用的镜子。"银凿落"，原来是饮酒用的器具；"玉参差"，就是萧的别名。

【原文】　刻舟求剑，固而不通；胶柱鼓瑟，拘而不化。

【译文】楚人坐船，剑落水中，楚人在剑落处刻记号于舟上，待船靠岸，从记号处下水寻剑，无处可寻，这则寓言是说人的思想僵化不会变通；将瑟上移动调节弦音的柱用胶固定，就不能奏出美妙的乐章，这显然是拘泥而不知变化的举动。

【原文】　斗筲言其器小，梁栋谓是大材。铅刀无一割之利，强弓有六石之名。

【译文】"斗筲"，比喻器量狭小的人；"梁栋"，比喻有大才干的人。用铅铸的刀，没有一次宰割的锋利；强硬的弓，有六石重的名称。

【原文】　杖以鸠名，因鸠喉之不噎；钥同鱼样，取鱼目之常醒。

【译文】古代老人的拐杖称"鸠杖"，因为鸠是不噎的鸟，取个吉利，祝愿老人饮食不噎；钥匙常作成鱼形，因为鱼在夜里也不闭眼睛，象征不闭眼守夜之意。

【原文】　　**兜鍪系是头盔，叵罗乃为酒器。短剑名匕首，毡毯曰氍毹。琴名绿绮焦桐，弓号乌号繁弱。**

【译文】"兜鍪"，是古代作战用的头盔；"叵罗"，是古代喝酒用的酒器。短剑叫作匕首，毡毯叫作氍毹。"绿绮""焦桐"，均为古代琴名；"乌号""繁弱"，均为良弓名。

【原文】　　**香炉曰宝鸭，烛台曰烛奴。龙涎鸡舌，悉是香名；鹢首鸭头，别为船号。**

【译文】香炉铸成鸭的形状，称为"宝鸭"；烛台刻童子执烛，称为"烛奴"。龙涎和鸡舌都是香的名称；鹢首和鸭头都是船的名称。

【原文】　　**寿光客是妆台无尘之镜，长明公是梵堂不灭之灯。桔槔是田家之水车，袯襫是农夫之雨具。**

【译文】寿光是隋朝御史王度的宝镜，当时蒲陕一带有大疫，王度令人持镜照之，病者都会痊愈，所以人们都说寿光客是不染人间尘埃的宝镜；"长明公"，是佛堂里永远不灭的灯。"桔槔"，是田家的水车；"袯襫"，是农夫的雨具。

【原文】　　**乌金，炭之美誉；忘归，矢之别名。夜可击，朝可炊，军中刁斗；云汉热，北风寒，刘褒画图。**

【译文】"乌金"，是煤炭的美称；"忘归"，是箭的别名。晚上巡逻可用来敲打，白天可用来烧火煮饭，这就是军中的刁斗；后汉刘褒画云汉图，人们看到，就觉得浑身发热，画北风图，人们看到就觉得浑身发冷，这是说他的画艺十分精湛。

【原文】　　**勉人发奋曰猛著祖鞭，求人宥罪曰幸开汤网。拔帜立帜，韩信之计甚奇；楚弓楚得，楚王所见未大。**

【译文】晋朝的刘琨和祖逖同起兵救晋，刘琨在给亲友的信中说："我枕戈待旦，志枭逆虏，尝恐祖逖先我一步著鞭。”后人鼓励人发奋，常说“猛著祖鞭”；求人宽恕罪过，便说“幸开汤网”。韩信率汉军攻打赵国时，先引诱赵军远出，然后派轻兵直捣赵营，拔下赵国军旗，插上汉军的红旗，造成赵军崩溃，这样的计策实在奇妙；春秋时楚共王打猎，丢失了良弓，他说，楚国的弓，落到楚国人手里，还找什么？孔子说，应该说人的弓，落到人的手中，楚共王的心胸还不够开阔。

【原文】 **董安于性缓，常佩弦以自急；西门豹性急，常佩韦以自宽。**

【译文】 董安于生性迟缓，常佩带弓弦在身上，以督促自己行动像弓箭一样迅捷；西门豹生性急躁，常带佩带熟牛皮在身上，以督促自己的性子可以宽缓一点儿。

【原文】 **汉孟敏尝堕甑不顾，知其无益；宋太祖谓犯法有剑，正欲立威。**

【译文】 东汉孟敏曾把挑着的甑（zèng）掉在地上，他并不回头去看，因为甑已破了看也无用；宋太祖赵匡胤说，不论谁犯法，我有剑在手，这就树立了权威。

【原文】 **王衍清谈，常持麈尾拂；横渠讲易，每拥皋比。**

【译文】 晋人王衍好清谈，经常拿着玉柄的麈（zhǔ）尾；张载在京城常靠在虎皮座席上，为人讲《周易》。

【原文】 **尾生抱桥而死，固执不通；楚妃守符而亡，贞信可录。**

【译文】 传说战国时尾生与女子约会在桥下见面，到时女子未来，洪水先至，尾生抱桥柱被水淹死，守信固然很好，但未免太过于死板。楚妃是楚昭王夫人贞姜，昭王出游，留夫人于渐台，相约召她时一定用符。后来昭王听说发水，派使者迎接夫人，使者忘记带符，夫人不肯行。待使者取符再往，水涌台崩，夫人已溺死。昭王谥夫人为贞姜，表彰她坚贞守信。

【原文】 **温峤昔燃犀，照见水族之鬼怪；秦政有方镜，照见世人之邪心。**

【译文】从前，温峤来到牛渚矶，点燃犀牛的角，照见了水族鬼怪的模样；秦始皇有一面方镜，据说能照见世人的邪心。

【原文】**车载斗量之人不可胜数，南金东箭之品实为堪奇。传檄可定，极言敌之易破；迎刃而解，甚言事之易为。**

【译文】三国时吴国赵咨出使魏国，魏文帝很赏识赵咨，问吴国像你这样的人有多少？赵说，像我这样的人车载斗量，不可胜数；南金指西南化山之金石，东箭指东南会稽之竹箭，后常以这两地特产比喻杰出的人才。传檄可定，是说敌人很容易攻破；迎刃而解，是说事情很容易做好。

【原文】**以铜为鉴，可整衣冠；以古为鉴，可知兴替。侧理为纸别号，玄香乃墨佳名。**

【译文】唐太宗李世民善于纳谏，他说过：用铜作镜子，可整理衣帽；用历史作借鉴，可知道国家兴亡与衰败。“侧理”，是纸的别名；“玄香”，是墨的别称。

唐太宗

【原文】**砚彩鲜明，公权曾评鸲眼；笔锋劲健，钟繇惯用鼠须。秦皇见匕首而惊走，考叔取蝥弧以先登。**

【译文】唐代大书法家柳公权评砚说：其贮水处有白、赤、黄色点者，号鸲鹆眼，可见砚彩鲜明；三国时魏名臣、大书法家钟繇与王羲之等人一样都喜欢鼠须做的笔，写的字笔锋雄劲。战国末年，荆轲行刺秦王，在秦国宫殿之上，向秦王进献地图，图穷而匕见，秦王大惊失色，连忙躲走；春秋时代，郑国征讨许国，郑国大夫颍考叔拿过国君郑伯的蝥弧旗率先登城，许国士兵见状，士气大挫，纷纷投降，郑国大胜。

【原文】**蛇矛龙盾，声雄太乙之坛；紫电青霜，锐比昆吾之剑。为炊必用土锉，汲井应藉辘轳。**

【译文】古人出征时，每次都要到太乙坛祭祀，拿着长蛇般的矛、画有龙的盾等兵器，用以激励士气，振奋军威！孙权用的宝剑叫紫电，刘邦用的宝剑叫青霜；它们的锋利，可同昆吾剑媲美。烧饭，必须用土灶和瓦锅；打井水，应借助辘轳。

【原文】 睡爱珊瑚枕上凹，人情乃尔；饮冷琥珀杯中滑，我意犹然。石季龙坐五香席上，李太白卧七宝床中。

【译文】以宝物珊瑚所做的枕凹易睡，人人都想用它；饮酒时都爱使用玲珑剔透的琥珀杯盏，我也一样。晋朝的石季龙家里的坐席用锦缎裹着五种香气，来款待宾客；李白受到唐明皇的恩宠，曾睡在七种珍宝镶嵌的床中。

【原文】 云绕匡庐，案化葛仙之鹿；浪翻雷泽，梭飞陶母之龙。庾老据胡床谈咏，诸佐皆欢；孔明执羽扇指挥，三军用命。

【译文】晋朝的葛洪隐居在匡庐山，四面彩云缭绕，一天他所用几案变成两头三足的白鹿；陶侃母亲把陶侃钓鱼钓到的一只织布梭挂在墙上，一天，大浪翻腾雷泽湖，梭子竟化为龙，腾空而去。晋朝的庾亮坐在胡床上与诸人谈笑，各位部下都很高兴；诸葛亮手拿羽毛扇指挥，全军都听从他的命令。

【原文】 以圣贤为拄杖，却优于九节苍藤；用仁义作剑锋，绝胜于七星白刃。上公膺宠命，已知高坐肩舆；末士少豪雄，可惜倒持玉版。

【译文】用圣人贤人作为拄杖随时依靠遵循，却比九节苍藤的拄杖还要优越；把仁义当作剑的利刃，绝对要胜过七星宝剑雪白的剑口。上公即钟繇，魏明帝时为太傅，因膝病，被特许乘车入朝；晋代大将军怀疑谢安、王坦之在皇帝面前讲他们的坏话，预伏兵士，召见他们，准备杀死他们。召见时，王坦之倒持玉版，惊慌失措，幸好谢安神色自若，从容对应，才躲过一场灾祸。

珍　宝

【原文】 山川之精英，每泄为至宝；乾坤之瑞气，恒结为奇珍。故玉足以庇嘉谷，明珠可以御火灾。

【译文】名山大川的精华，常常泄露出来成为最好的宝物；天地的祥瑞之气，常聚集起来结成珍宝。好的玉足够用来保护庄稼；明珠足够用来防御火灾。

【原文】 鱼目岂可混珠，碔砆焉能乱玉。黄金生于丽水，白银出自朱提。

【译文】 鱼的眼睛虽然像珍珠，但难以蒙混眼明的人；似玉的美石怎么能混于真玉中呢。黄金生成在丽水，白银出产在朱提。

【原文】 曰孔方、曰家兄，俱为钱号；曰青蚨、曰鹅眼，亦是钱名。可贵者明月、夜光之珠；可珍者璠玙、琬琰之玉。

【译文】 说“孔方”和“家兄”都是对钱的称呼；说“青蚨”、说“鹅眼”，也是钱的代名词。“明月”“夜光”是最贵重的珍珠；“璠玙”“琬琰”，是最珍奇的美玉。

【原文】 宋人以燕石为玉，什袭缇巾之中；楚王以璞玉为石，两刖卞和之足。

【译文】 燕山的石，似玉而有符彩婴带，宋国有个愚人得到一块燕石，以为是宝玉，用桔红色围巾包了十层拿给人看，人说是石头，他大怒，收藏更严实了。楚国的卞和得到一块璞玉（未雕琢的玉石），献给厉王，工匠说是石头，厉王刖（yuè）（古代砍足刑） 他左足。武王即位，又被当作石头，刖去右足。文王即位，卞和抱玉而哭，文王问明原委，命人将玉雕琢，成为价值连城的和氏之璧。

【原文】 惠王之珠光能照乘，和氏之璧价重连城。鲛人泣泪成珠，宋人削玉为楮。

【译文】 魏惠王的宝珠，它的光能够照见车辆的前后；楚卞和的玉璧，它的价值可以换取许多城池。美人鱼从水中浮出，在一户人家居住了几日，离开的时候，泣泪成玉满盘，留给主人，这是把平常物品变成珍宝；宋人用玉石削成楮树叶形状，三年削成放在楮树叶中难分真假，这是把珍宝变成平常物品。

【原文】 贤乃国家之宝，儒为席上之珍。王者聘贤，束帛加璧；直儒抱道，怀瑾握瑜。

【译文】 贤人，是国家的宝贵财富；有贤才的读书人，是宴席上的珍馐，是国家的栋梁之材。君王聘请贤者，五匹帛加玉璧迎接他；正直的儒者坚持自己的信仰与学说，犹如怀中揣着珍宝，手中握有玉器一样。

【原文】 **雍伯多缘，种玉于蓝田而得美玉；太公奇遇，钓璜于渭水而遇文王。剖腹藏珠，爱财而不爱命；缠头作锦，助舞而更助娇。**

【译文】 相传杨雍伯葬母于无终山后，便居山中，常以水供路人饮用，一人饮三年，给他一些石子让他种，后长出美玉；传说商周时姜太公在渭河钓鱼，钓到玉璜，上面刻着字："周受命，吕佐检，德合于今昌来提。"这里昌指周文王姬昌。后来，果然遇到周文王，请他当国师辅佐社稷。破开肚子，把宝珠藏在里面，这就是说人爱财物，而不爱生命；用罗锦作为缠头的资助，既有助于跳舞的舞姿，又有助于她的娇媚。

【原文】 **孟尝廉洁，克俾合浦还珠；相如勇忠，能使秦廷归璧。玉钗作燕飞，汉宫之异事；金钱成蝶舞，唐库之奇传。**

赵飞燕

【译文】 合浦这地方与交趾邻界。原来合浦产珠，百姓多以采珠为生计。但地方官贪鄙，采珠不顾极限，珠便移到交趾去了。孟尝任合浦太守后，廉洁奉公，革除前任弊端，为百姓解决困难，不到一年，珠子又回到合浦地方了；秦国从赵国拿和氏璧，不履行十五城交换的诺言，蔺相如巧妙地将璧从秦王手中弄回来，然后怒斥秦王，并做出要将璧撞碎的姿态，使秦王屈服，后来相如终将和氏璧完整带回赵国。汉武帝建造了招灵阁，有神女送汉武帝一枚玉钗，汉武帝赐给婕妤赵飞燕，宫人有见此钗者，妒忌欲要砸碎。第二天，再看那玉钗变成玉燕，飞去了，这是汉宫里面奇怪的事情；唐穆宗时，皇宫的牡丹盛开，有黄白蛱蝶数万飞在花间，穆宗命人张网捕捉，得数百，仔细一看，竟都是金钱，这是唐府库里面奇异的传说。

【原文】 **广钱固可以通神，营利乃为鬼所笑。**

【译文】 唐代张延赏判一案件，命属吏一定严办。第二天早上见案上有一纸条写道：给你三万贯钱，请你不要管这个案子，张大怒，将纸条丢掉。次日早上，案上又有一纸条写十万贯钱，张便停止问此案了，子弟问他为什么，张说，钱十万，可通神，不要惹祸上身，这是对贪官营私舞弊的讽刺与揭露；南朝宋伯龙，为官廉洁，清贫如洗，有一次在家筹划赚钱赢利，忽见一个鬼在旁边拍掌大笑，宋叹道，贫穷是命定的，今日的事被鬼取笑了。

【原文】**以小致大谓之抛砖引玉；不知所贵谓之买椟还珠。贤否罹害，如玉石俱焚；贪婪无厌，虽锱铢必较。**

【译文】用小的引来大的，称作"抛砖引玉"；取舍不当，称作"买椟还珠"。好的和坏的一起遭到祸害，如同美玉和石头都被焚烧一样；贪婪财物没有满足，即使是很细微的东西，也要算得一清二楚。

【原文】**崔烈以钱买官，人皆恶其铜臭；秦嫂不敢视叔，自言畏其多金。**

【译文】汉灵帝时卖官鬻爵，崔烈用了五百万金钱，买了一个司徒的官来做，他问儿子："我位居三公，外边的议论如何？"其子说："大人素来负有盛名，多年历任卿守之职，只是现今以显位充满铜臭。"战国时期苏秦，字季子，起初游说秦国不遇，狼狈而归，妻不下机，嫂不为炊。后游说赵国，被封为武安君，并受相印。他路过洛阳回家时，嫂自跪四拜而不敢仰视。苏秦问："嫂何前倨傲而后恭敬如此？"其嫂答道："以季子位尊而多金也。"

【原文】**熊衮父亡，天乃雨钱助葬；仲儒家窘，天乃雨金济贫。**

【译文】传说唐昭宗时熊衮曾任兵部尚书，奉公守法，廉洁自律，家无积财，父死无钱安葬，昼夜号泣，忽然天上如下雨般落下钱币，连降三日，除用作营葬费用外，俱交官，邻里或奴仆得钱却均化为土；传说翁仲儒在渭川务农，家贫，一天早上，天上下雨般落下十斛金子，于是富比王侯。

【原文】**汉杨震畏四知而辞金；唐太宗因惩贪而赐绢。**

【译文】东汉名臣杨震举王密为昌邑县令，王密深夜送他金十斤，杨震怪他不知自己的为人，王说深夜无人知道。杨说：天知、神知、我知、你知，怎能说谁也不知道？王密羞愧地带金离去；唐太宗时，长孙顺德接受别人贿赂的绢，事情败露以后，唐太宗想惩戒他的贪污行为，又赐他十匹绢。有人问太宗何意。太宗说：他有人性，得绢受的羞辱，比受刑还厉害。长孙顺德听罢愧悔难当。

【原文】 晋鲁褒作《钱神论》，尝以钱为孔方兄；王夷甫口不言钱，乃谓钱为阿堵物。床头金尽，壮士无颜；囊内钱空，阮郎羞涩。

【译文】晋鲁褒的《钱神论》，曾经把钱戏称为“孔方兄”；西晋大臣王夷甫口中从不说钱，其妻郭氏，喜聚敛财，以钱绕床来试探，夷甫见状，命婢女“取去眼前阿堵物”。他称钱为“阿堵物”（那个东西）。床头的金钱用完了，壮士就会感到脸无光彩；口袋里只剩一文钱了，阮郎说：“让它看守囊中”，唯恐此囊感到羞涩。

【原文】 匹夫不可怀璧，人生孰不爱财。斑斑美玉，瑟瑟灵珠。

【译文】一个普通老百姓本来没有罪，可是因为他怀中有玉璧，就会招来罪名，危及自己的生命；尽管每人都想有钱，但是不能用不正当方式去追求，也不要因钱财而招来灾祸。斑斑是美玉的名称，瑟瑟是灵珠的称呼。

【原文】 琉璃瓶最宜卜相，琥珀盏尤可酌宾。嗣续将盛，鸣鸠化金带之钩；爵禄弥高，飞鹊幻玉纹之印。

【译文】五代时，朝廷要选宰相，就把大臣写的姓名放在琉璃瓶内，焚香卜告天地，然后选出宰相；《博物志》载：“松脂沦入地中，千年化为茯苓，再千年化为琥珀，可谓珍贵，以此器待客示尊贵也。”传说长安张氏，独自在屋中，忽然有一只鸠飞进屋里，张说：“你为祸就向上飞，为福就飞进我的怀里。”结果鸠飞入怀中，化为金带之钩，成为传家宝，自此子孙渐富；东汉张颢雨后见一只如山鹊的鸟坠地，取来一看是圆石，剖开得一金印，上写“忠孝侯之印”，后来他果然封侯，俸禄富厚。

【原文】 魏博铁铸错，悔恨已晚；张说记事珠，遗忘可免。

【译文】唐末魏博节度使罗绍威统辖六州，其部将魏承嗣等不听指挥，罗请求梁朱温出兵灭魏，但为此耗尽资财，又受制于朱温，追悔莫及，他说自己将六州四十三县的铁，打成一个错（锉刀），也没有这个错大；相传有人送给唐代宰相张说珠子，以其记事，如有事忘了，拿起珠子便立刻会记起来。

【原文】　夏桀乃昏庸主，国有瑶台；郭况是贵戚亲，家多金穴。韩嫣一出，儿童觅绿野之金丸；汉祖既还，亚父撞鸿门之玉斗。

【译文】夏桀是个昏庸的君主，在他的国都里有琼瑶筑成的台；郭况是汉光武帝的内弟，是汉朝的贵戚，很得皇帝宠爱，赏金甚多，家中有很多金穴。西汉韩嫣是大富豪，其性奢移，常用金丸（金弹子）打鸟，所以他经过的地方，儿童到野地里寻找金丸；汉高祖刘邦到鸿门赴宴，范增劝项羽在席上杀死刘邦，项羽不忍心，让刘邦得以逃脱。当刘邦走后，亚父范增不满项羽心软误事，气得摔碎了刘邦送他的一对玉斗。

范蠡

【原文】　刻岷姬之形似玉，好色惟然；铸范蠡之像以金，尊贤乃尔。

【译文】夏桀兵伐岷山，岷山之君献给夏桀两个美女，一个叫琬，一个叫琰，桀爱二女，刻其名在苕华玉上，好色的人就是这样；越王勾践破吴后，范蠡深知“狡兔死，走狗烹，飞鸟尽，良弓藏”的道理，带着西施不辞而别，勾践思念他，用金铸造范蠡的像，尊重贤士就是如此。

【原文】　珊瑚树，塞满齐奴之室；玛瑙盘，捧来行俭之家。

【译文】齐奴即石崇，他常与晋武帝舅父王恺比阔气。一次武帝送王一株二尺许的珊瑚树，石用铁如意将其打碎，王十分气恼。石说赔他，拿来六七株三四尺高的珊瑚树；唐代名臣裴行俭家有两尺长的玛瑙盘，一军吏不慎摔碎，请罪。裴说，你不是故意的。既说明他的气度，又说明他家多珍宝。

【原文】　燕昭王之凉珠，炎蒸无暑；扶余国之火玉，冽冱无寒。

【译文】传说战国时燕昭王得到黑蚌珠，暑热时放在怀里，遍体清凉，燕昭王为珠取名消暑招凉之珠，它使炎热的盛夏并无酷暑之感；据传，唐武宗时扶余国贡火玉三斗，色赤，长半寸，上尖下圆，光可照几十步，积多可以燃鼎，放在室内，人可不必穿厚衣。

【原文】 锦帆锦帐，炫人耳目；金埒金坞，骇我见闻。从吾所好，岂曰富而可求；有命存焉，当以不贪为宝。

【译文】晋朝大富翁石崇与王恺比富，用锦作帆，用锦作帐，绵延几十里，照得行人睁不开眼；晋朝王武子养马，编钱布地，号称金埒，汉末董卓筑郿坞，高厚七尺，与长安城相当，用金钱堆成矮墙，用金钱砌成土堡，这些传说，让咱们听了要惊骇。孔子说："富而可求，虽执鞭之士，吾亦为之。如不可求，从吾所好。"意思是可以求得的，那么执鞭护卫的工作我也可以干。如果财富不可以求得，那么还是按自己的意志去干吧；有天命在这里主宰，以不贪求珍宝这种德行为珍宝。春秋时宋国有人向大夫子罕献玉，子罕不接受，他说，你以玉为宝，我以不贪为宝。你把玉给了我，我们两个就都失去了珍宝。我看还是各自保存自己的珍宝吧。

贫　　富

【原文】 命之修短有数，人之富贵在天。惟君子安贫，达人知命。

【译文】人的生命有长短，人的富贵贫贱在天命。只有品行高尚的人才能安于贫困，通达事理的人才能知道自己生来的命运。

【原文】 贯朽粟陈，称羡财多之谓；紫标黄榜，封记财库之名。

【译文】"贯朽粟陈"，是形容财产极多的话；"紫标黄榜"，是财库封条标志的名称，梁武帝萧衍生性爱钱，百万一聚，挂以黄榜，千万一库，持以紫标，因而得名。

【原文】 贪爱财物谓之钱愚；好置田宅谓之地癖。守钱虏，讥蓄财而不散；落魄夫，谓失业之无依。

【译文】晋朝的和峤，官做到太傅，富甲天下，但个性非常吝啬，尚书杜预称他为"钱愚"；唐李恺善于置办田产，人称"地癖"。钱多而吝啬的人称"守财虏"；穷困不得志的人称"落魄夫"。

【原文】 贫者地无立锥；富者田连阡陌。室如悬磬言其甚窘；家无儋石谓其极贫。

【译文】 贫穷的人没有立锥之地，形容绝对没有地产；富有的人田园连片。屋子好像是悬挂着的石磬，这是形容非常穷窘；家中连一担粮食都没有，形容家中米粟为数不多。

【原文】 无米曰在陈，守死曰待毙。富足曰殷实，命蹇曰数奇。

【译文】 春秋时，楚王派人聘请孔子，孔子前往，路过陈国时被兵围困，孔子绝粮七日，后人把没有米称为“在陈”；三国时诸葛亮曾对后主刘禅说：“不讨伐敌人，国家也会灭亡，与其坐着等待灭亡，还不如主动出击，讨伐敌人。”富裕充足，称作“殷实”；命运不顺，总遇不上好机会，称作“数奇”。

【原文】 甦涸鲋乃济人之急，呼庚癸是乞人之粮。家徒壁立，司马相如之贫；扊扅为炊，秦百里奚之苦。

【译文】 古代有则寓言，说车辙中有条鲋鱼，求斗升之水活命，后人便比喻身陷困境的人为涸鲋，救助这样的人称为甦涸鲋；春秋时吴王夫差与晋鲁等国会盟，吴大夫申叔到鲁国乞粮，军中用隐语，呼号“庚癸”。后人把“呼庚癸”作为请求人家给予粮食的隐语。家里只有四面墙，形容司马相如一贫如洗；门闩当柴烧，形容秦国大夫百里奚当初生活艰苦。

【原文】 鹄形菜色皆穷民饥饿之形；炊骨爨骸谓军中乏粮之惨。饿死留君臣之义，伯夷叔齐；资财敌王公之富，陶朱猗顿。

【译文】 “鹄形菜色”，是穷人困顿潦倒，因饥饿而瘦削的样子；“炊骨爨骸”，是军队缺粮的惨状。伯夷和叔齐，是殷朝孤竹君之子，周武王伐纣灭殷，两人义不食周粟，饿死在首阳山上；范蠡帮助越王勾践复国后，弃官从商，猗顿向他请教，也成为巨富，两人的资财敌得上帝王了。

【原文】 石崇杀妓以侑酒，恃富行凶；何曾一食费万钱，奢侈过甚。二月卖新丝，五月粜新谷，真是剜肉医疮；三年耕而有一年之食，九年耕而有三年之食，庶几遇荒有备。

【译文】 侑酒即劝酒。晋代石崇宴请客人常令美女劝酒，如客人饮酒未尽，便命人将美女杀掉，仗恃豪富而行凶；晋人何曾，挥霍成性，每天饭菜花钱上万，他还说没处下筷子。二月丝未成，五月谷未熟，为应急低价卖出，却失去解脱困境的指望，所以如同剜肉补疮；每三年便余下一年的粮食，九年可储备够三年吃用的粮食，这样不论遇到什么水旱灾荒，都可以有备无患了。

【原文】　贫士之肠习藜苋，富人之口厌膏粱。石崇以蜡代薪，王恺以饴沃釜。

【译文】贫穷人的肠胃习惯吃的是野菜；富有人的口胃讨厌吃细粮。石崇用蜡烛当柴烧火煮饭；王恺用糖浆洗锅。

【原文】　范丹釜中生鱼破甑生尘，曾子捉襟见肘纳履决踵。子路衣敝缊袍，与轻裘立，贫不可言；韦庄数米而炊，称薪而爨，俭有可鄙。

【译文】范丹做莱芜县令时，以穷为乐，搞得民不聊生，经常没有饭吃，以至于锅里生了虫子，蒸食器里落满尘土；曾子安贫乐道，整天衣襟露出胳膊肘，穿鞋子露出脚后跟。孔子弟子子路穿着破旧的丝绵袍子，与用珍贵毛皮做的衣服的人站在一起，虽然寒酸却不觉得羞愧；唐代著名诗人韦庄数米粒做饭，用秤称好柴禾才烧火，这样的节俭已经到了可鄙的地步。

【原文】　总之，饱德之士不愿膏粱；闻誉之施奚图文绣。

【译文】总而言之，满腹经纶、德高望重的人，志趣不在于品味美味佳肴；名誉满身的人，怎么会贪图绫罗绸缎呢？

疾 病 死 丧

【原文】　福寿康宁，固人之所同欲；死亡疾病，亦人所不能无。惟智者能调，达人自玉。

【译文】幸福、长寿、健康、安宁，这是人们共同的欲望；死亡、疾病，也是人所不能逃避的。只有聪明的人才能调养好自己的身体，通达事理的人才会自我珍重。

【原文】问人病曰贵体违和，自谓疾曰偶沾微恙。罹病者甚为造化小儿所苦，患疾者岂是实沈台骀为灾。

【译文】慰问别人患病，要说“贵体违和”（您的身体不舒服）；讲自己得病，应讲“偶沾微恙”（偶然得了小病）。遭遇病魔的人是被“造化小儿”所折磨；患病的人，难道是实沈、台骀所造成的灾难吗？

【原文】疾不可疗曰膏肓，平安无事曰无恙。采薪之忧，谦言抱病；河鱼之患，系是腹疾。

【译文】病到不可救治的地步叫作膏肓，灾难过后平安无事叫作无恙。“采薪之忧”（不能砍柴禾），是对有病的自谦说法；“河鱼之患”（河中鱼肚子腐烂），这是对腹泻的一种巧妙说法。

【原文】可以勿药，喜其病安；厥疾勿瘳，言其病笃。疟不病君子，病君子正为疟耳；卜所以决疑，既不疑复何卜哉。

【译文】可以不服药，自然意味病愈；“厥疾勿瘳”，(此病不易好) 是说病得很重。光武帝刘秀曾说：尝闻壮士不病疟，病君子正为疟耳。这也是晋代一个故事里的妙语。传说一小孩为父买治疟疾的药，店主人说，你父亲是君子怎会得此病呢！小孩回答说，正因为让君子得病，它才是疟疾呢。这里利用“疟”与“虐”二字同音搞文字游戏，为父开脱；唐朝初年，长孙无忌等人劝李世民除掉兄弟建成与元吉。李世民要占卜，张公瑾将卜具摔到地上说：卜是为了解决疑难问题，既然没有什么疑问，又卜卦干什么呢？

谢　安

【原文】谢安梦鸡而疾不起，因太岁之在酉；楚王吞蛭而疾乃痊，因厚德之及人。

【译文】东晋名臣谢安，官至司徒，他晚年得病时说，从前做过一个梦，自己坐在大将军的车里走了十六里，见白鸡而不再前行。这个梦预示我做大将军只能有十六年，鸡年就会死。按太岁纪年法，今年地支为“酉”是鸡年，我的病不会好了。不久他果然死了；春秋末年，楚惠王吃饭时，见菜里有水蛭，他想，如果挑出来，厨师将会受处罚，就吞下去了。楚国令尹知道此事后说，大王做了有德的事，水蛭一定不会伤害你。后来果然平安无事。

【原文】将属纩、将易箦，皆言人之将死；作古人、登鬼箓，皆言人之已亡。亲死则丁忧，居丧则读礼。

【译文】“将属纩”是说将要在人的口鼻上放进棉絮，“将易箦”是说将要给人调换寝席，都是说人快要死了；“作古人”“登鬼箓”都是说人已经死了。古人父母亡故，儿女最忧伤，所以称“丁忧”；在为父母服丧时要读礼。

【原文】在床谓之尸，在棺谓之柩。报丧书曰讣；慰孝子曰唁。往吊曰匍匐，庐墓曰倚庐。

【译文】人死之后，躺在床上，称为“尸”；装进棺材，称为“柩”。孝子报丧的文书叫“讣”，慰问孝子的文书叫“唁”。前往祭奠死者，称为“匍匐”；父母死亡在墓旁筑小屋守墓，称为“倚庐”。

【原文】寝苫枕块，哀父母之在土；节哀顺变，劝孝子之惜身。

【译文】按古代礼仪，儿子从父或母死之日起，在入葬期间，不能住在寝室里，睡在草席上，枕着土块，表示怀念刚刚入土的亲人，要分担他们的痛苦；节制哀伤，顺应变故（指父母亡故），这是慰勉守孝的子孙的话。

【原文】男子死曰寿终正寝，女子死曰寿终内寝。天子死曰崩，诸侯死曰薨，大夫死曰卒，士人死曰不禄，庶人死曰死，童子死曰殇。

【译文】古代男子将死，卧于正厅东首，死后说寿终正寝；女子则不离内寝。（这是男尊女卑观念的反映）后世也以寿终正寝表明安享天年，正常死亡。天子死说“崩”，诸侯死说“薨（hōng）”，大夫死说“卒”，士人死说“不禄”，平民死说“死”，未成年而死说“殇”。

【原文】自谦父死曰孤子，母死曰哀子，父母俱死曰孤哀子；自言父死曰失怙，母死曰失恃，父母俱死曰失怙恃。父死何谓考，考者成也，已成事业也；母死何谓妣，妣者媲也，克媲父美也。

【译文】委婉地称父亲死，称自己是“孤子”，母死称“哀子”，父母俱死称“孤哀子”；自己称父死说“失怙”，母死说“失恃”，父母都死说“失怙恃”。父亲死为何称父为“考”，考是成的意思，已成事业了；母亲死为何称母为“妣”，妣是媲的意思，母亲和父亲相匹配。

【原文】百日内曰泣血，百日外曰稽颡。期年曰小祥，两期曰大祥。

【译文】父母亡故百天之内祭祀、叩拜，称泣血；父母亡故百天之外祭祀、叩拜，称稽颡。父母去世满一年的祭祀，叫作“小祥”；父母去世满两年的祭祀，叫作“大祥”。

【原文】不缉曰斩衰，缉之曰齐衰，论丧之有轻重；九月为大功，五月为小功，言服之有等伦。三月之服曰缌麻；三年将满曰禫礼。

【译文】丧服的麻布左右和下边不缉边的叫“斩衰”，缉边的叫“齐衰”；服丧期为九个月是为堂兄弟、已嫁的姑姊等服丧，叫大功，服丧期为五个月是为曾祖父母、伯叔祖父母等服丧，叫小功。丧服有轻重之分。穿三个月的丧服，叫作缌麻；三十六个月而举行的祭祀叫作禫祭，为的是脱去衣服。

【原文】孙承祖服，嫡孙杖期；长子已死，嫡孙承重。

【译文】孙辈为祖父母服丧，丧期一年，嫡孙用杖为“杖期”；长子已经死了，嫡孙承受丧祭的重任。

【原文】死者之器曰明器，待以神明之道；孝子之杖曰哀杖，为扶痛哀之躯。父之节在外，故杖取乎竹；母之节在内，故杖取乎桐。

【译文】死者随葬的器具，叫作明器，这是用神明之道来对待死者；孝子拿的杖，叫作哀杖，这是为支撑着他悲痛的身体。按男主外的礼节，父死亡哀杖应该用苴竹制成；按女主内的礼节，母死亡哀杖应该用桐木制成。

【原文】以财物助丧家谓之赙，以车马助丧家谓之赗。以衣殓死者之身谓之襚，以玉实死者之口谓之琀。

【译文】把财物送给丧家办丧事用，称之为“赙”；把车马送给丧家办丧事用，称之为“赗”。给死者用的衣被，称为“襚(suì)”；将玉置于死者口中，称为“琀(hán)”。

【原文】 **送丧曰执绋，出柩曰驾辆。吉地曰牛眠地；筑坟曰马鬣封。**

【译文】送丧的人牵引灵车，称之为“执绋”；办丧出殡，称之为“驾辆”。晋朝陶侃贫困时，要安葬母亲，突然家中丢失了一头牛，后遇老人说山下有卧牛，葬下去，后代必位极人臣，所以坟茔地叫“牛眠地”；建坟墓像马的鬃毛一样，所以叫“马鬣封”。

【原文】 **墓前石人原名翁仲，柩前功布今曰铭旌。挽歌始于田横，墓志创于傅奕。**

【译文】秦始皇的时候，有个阮翁仲，威震匈奴，他死后，秦始皇铸成铜像，竖在其墓前，匈奴至此都下拜，后人把墓前石人称为翁仲；柩前的功布文，因为篆刻死者的德行，旌布死者的功劳，所以叫“铭旌”。挽歌是对死者的哀悼，从田横开始。汉高祖时田横踞岛不肯归汉，奉召面君，行近洛阳自刎，手下人把他的头献给汉高祖，手挽手唱歌，所以叫挽歌。墓志是记载死者生平事迹的，是傅奕首创。傅奕醉卧三日，忽然起而写一段墓志：“傅奕，青山白石人，因醉死。”过后傅奕真的死了，这是墓志的开始。

【原文】 **生坟曰寿藏，死墓曰佳城。坟曰夜台，圹曰窀穸。**

【译文】生时预建的墓穴，称作“寿藏”；逝后的墓地，称作“佳城”。坟，称作“夜台”；墓穴，称作“窀穸”。

【原文】 **已葬曰瘗玉，致祭曰束刍。春祭曰禴，夏祭曰禘，秋祭曰尝，冬祭曰烝。**

【译文】晋朝庚亮将葬，何台叹息说：“瘗玉树于土中，使人情何能已也。”所以死人已经埋葬，称作“瘗玉”；到坟前祭奠，称作“束刍”。春天祭祀叫禴，夏天祭祀叫禘，秋天祭祀叫尝，冬天祭祀叫烝，

【原文】 **饮杯桊而抱痛，母之口泽如存；读父书以增伤，父之手泽未泯。子羔悲亲而泣血，子夏哭子而丧明。**

【译文】母亲死了，用母亲用过的杯子喝水，就会忧伤悲痛，因为母亲的口泽还留在上面；父亲死了，读父亲遗留下来的书，就会增加悲哀，因为父亲手上的汗渍还没有消失。子羔为父母服丧无声悲泣，子夏为丧子哭泣得眼睛失明。

【原文】王裒哀父之死，门人因废《蓼莪诗》；王修哭母之亡，邻里遂停桑柘社。树欲静而风不息，子欲养而亲不在，皋鱼增感；与其椎牛而祭墓，不如鸡豚之逮存，曾子兴思。

【译文】王裒悲哀父亲的惨死痛哭不止，每次读《诗经》到《蓼莪》一篇时总会反复流涕，门人不忍心，便都废弃《蓼莪》不读了；王修悼念母亲亡故一年时悲痛万分，乡邻受到感动，为此停止了这一年的祭土地神活动。树要静可风却不停地刮，儿子想要尽孝心可父母亲又不在了，皋鱼在双亲去世感慨；与其用牛祭祖，还不如父母在时有鸡肉、猪肉给他们吃呢，曾子在读礼时曾感叹地说。

【原文】故为人子者，当思木本水源，须重慎终追远。

【译文】所以做儿子的，应该想到树的本是根，水的本是源，不要忘了父母的养育之情；当父母去世后，就必须慎重地办理他们的丧事，虔诚地祭祀远代祖先。

文　事

【原文】多才之士，才储八斗；博学之儒，学富五车。三坟五典，乃三皇五帝之书；八索九丘，是八泽九州之志。

【译文】称赞多才多艺人的，说他的文才储藏了八斗；称赞学识广博的人，说他的学识有五辆车子那么丰富。“三坟五典”，都是记载“三皇五帝”的书；“八索九丘”，都记载“八泽九州”的书。

【原文】《书经》载上古唐虞三代之事，故曰《尚书》；《易经》乃姬周文王周公所系，故曰《周易》。二戴曾删《礼记》，故曰《戴礼》；二毛曾注《诗经》，故曰《毛诗》。

【译文】《书经》，是记载唐尧、虞舜及夏、商、周三代的事情的，所以叫《尚书》；《易经》传说其卦及爻辞等是西周文王姬昌、周公姬旦所作，因而又称《周易》。戴德、戴胜叔侄二人曾经删定《礼记》，因此《礼记》又称《戴礼》；毛亨、毛苌叔侄二人曾经注释《诗经》，因此诗经又称《毛诗》。

【原文】**孔子作《春秋》，因获麟而绝笔，故曰《麟经》。荣于华衮，乃《春秋》一字之褒；严于斧钺，乃《春秋》一字之贬。缣缃黄卷，总谓经书；雁帛鸾笺，通称简札。**

【译文】孔子写《春秋》因为听说有人猎到仁义之兽麟，便停了笔，所以又叫《麟经》。《春秋》的用字都包含着褒和贬。孔子一个字的褒，比三公的"华衮"（三公华采的服饰）还要荣耀；孔子一个字的贬，比锋利的斧钺还要严厉。"缣缃""黄卷"，指的都是经书；"雁帛""鸾笺"，指的都是"简札"即书信。

【原文】**锦心绣口，李太白之文章；铁画银钩，王羲之之字法。雕虫小技，自谦文学之卑，倚马可待，羡人作文之速。**

【译文】人们常用"锦心绣口"形容李白的诗文；用"铁画银钩"形容王羲之的书法。雕虫小技，是说自己文学水平不高的谦虚说法；倚马可待，是形容写作速度极快的夸张说法。

【原文】**称人近来进德，曰士别三日，当刮目相看；羡人学业精通，曰面壁九年，始有此神悟。五凤楼手，称文字之精奇；七步成诗，羡天才之敏捷。**

【译文】称赞别人进步快，说对于一个士人相别三天，应当擦亮眼睛，换一副眼光相看；羡慕别人学业精通，说面壁而坐，静思默想，九年而悟道成佛。五凤楼的手笔，形容文章的精彩奇妙；七步之内吟诗的奇才，表达对才思敏捷的天才人物的仰慕。

【原文】**誉才高，曰今之班马；羡诗工，曰压倒元白。汉晁错多智，景帝号为智囊；王仁裕多诗，时人号为诗窖。**

【译文】赞誉文才高超，叫作当代的班固和司马迁；称美诗句工整，叫作压倒了元稹和白居易。汉代晁错

班 固

智慧超群，汉景帝封其为“智囊”；五代诗人王仁裕写诗万篇，当时人称其为“诗窖”。

【原文】骚客即是诗人，誉髦乃称美士。自古诗称李杜，至今字仰钟王。

【译文】“骚客”，即诗人的代称，“誉髦”，乃是对美士的称赞。自古诗人推崇李白杜甫，至今书法仰慕钟繇和王羲之。

【原文】白雪阳春，是难和难赓之韵；青钱万选，乃屡试屡中之文。惊神泣鬼，皆言辞赋之雄豪，遏云绕梁，原是歌音之嘹亮。

【译文】“白雪阳春”，是难以唱和、难以续作的歌曲；“青钱万选”，是多次考试多次入选的文章。“惊神”“泣鬼”，都是形容诗文雄浑豪放的词语；“遏云”“绕梁”，本来都是形容歌声高亢嘹亮的词语。

【原文】涉猎不精，是多学之弊；咿唔呫毕，皆读书之声。连篇累牍，总说多文；寸楮尺素，通称简札。

【译文】涉猎不精，这是读书多而不精的毛病；咿唔呫毕，这都是读书的声音。“连篇累牍”，指的是长篇大论；“寸楮（纸）”、“尺素（绢）”，指的是书信。

【原文】以物求文，谓之润笔之资；因文得钱，乃曰稽古之力。文章全美，谓文不加点；文章奇异，曰机杼一家。

【译文】用物去换取文章，是说付给“润笔”的钱物；因写文章得到钱财，被称为“稽古之力”。文章十全十美，是说文章一气呵成，不加修改；文章与众不同，是说文章自成一家。

【原文】应试无文，谓之曳白；书成绣梓，谓之杀青。袜线之才，自谦才短；记问之学，自愧学肤。

【译文】参加考试没有写一个字，叫作曳白；书写之后拿去雕版刻书，叫作杀青。“袜线之才”，是说自己才学短缺的谦虚之词；“记问之学”，是表明自知学问肤浅而惭愧。

【原文】　　裁诗曰推敲，旷学曰作辍。文章浮薄，何殊月露风云；典籍储藏，皆在兰台石室。

【译文】反复斟酌，斟选字句，叫作“推敲”；学习、工作不能坚持，叫作“作辍”。文章空洞浅薄，同月、露、风、云一样转眼即逝；珍贵书刊的储藏，都在兰台、石室一类的藏书之处。

【原文】　　秦始皇无道，焚书坑儒；唐太宗好文，开科取士。花样不同，乃谓文章之异；潦草塞责，不求辞语之精。

【译文】秦始皇实行暴政，焚烧书籍，坑杀儒生；唐太宗重视儒学，开创科举制度选拔人才。“花样不同”，是称赞文章与众不同；“潦草塞责”（草率成文，应付了事），是说不讲究文章词语的精确。

【原文】　　邪说曰异端，又曰左道；读书曰肄业，又曰藏修。作文曰染翰操觚，从师曰执经问难。

【译文】不遵正道的学说称“异端”，又称“左道”；读书称“肄业”，又称“藏修”。写文章常用“染翰操觚”来形容；跟老师学习，常用“执经问难”来描述。

【原文】　　求作文曰乞挥如椽笔，羡高文曰才是大方家。竞尚佳章，曰洛阳纸贵；不嫌问难，曰明镜不疲。

【译文】求人作文章，说请求人挥如椽大笔；羡慕写出高水平文章的人，说人真是大行家。争相尊崇好文章，说是“洛阳纸贵”；不嫌弃回答问题，说是“明镜不疲”。

【原文】　　称人书架曰邺架；称人嗜学曰书淫。白居易生七月，便识之无二字；唐李贺才七岁，作高轩过一篇。

【译文】称人书架为“邺架”；称人酷爱学习为“书淫”。白居易出生七个月，就识得之和无两个字；李贺才七岁，便能做《高轩过》诗一篇。

【原文】　　开卷有益，宋太宗之要语；不学无术，汉霍光之为人。汉刘向校书于天禄，太乙燃藜；赵匡胤代位于后周，陶谷草诏。

【译文】“开卷有益”，是宋太宗的名言；“不学无术”，讲的是汉代霍光其人。西汉光禄大夫刘向在光禄阁校阅群书，有黄衣老人拄藜杖而进，吹杖端火光为刘向照明，自称是太乙之精；赵匡胤即宋太祖，他原是北周世宗柴荣的殿前都检点，柴荣死后，他趁帝幼之机，夺取了皇位，陶谷本是北周的翰林学士、兵部侍郎，在赵匡胤夺位前，他早已看透了赵匡胤的用心，事先便暗中写好了“禅文”。

霍　光

【原文】　**江淹梦笔生花，文思大进；扬雄梦吐白凤，词赋愈奇。李守素通姓氏之学，敬宗名为人物志；虞世南晰古今之理，太宗号为行秘书。**

【译文】江淹梦见笔开了花，于是文思大有进步；扬雄梦见口里吐出白凤来，于是词赋更加新奇。唐朝李守素一向精通姓氏之学，人称“内谱”，许敬宗以为不雅，说当改称“人物志”；虞世南博学多才，有一次唐太宗出行，有人请载书相随。唐太宗说：不必，有虞世南在就行了，他是个“行秘书”。

【原文】　**茹古含今，皆言学博；咀英嚼华，总曰文新。文望尊隆，韩退之若泰山北斗；涵养纯粹，程明道如良玉精金。**

【译文】“茹古含今”（通今博古），说的是学识渊博；“咀英嚼华”（咀嚼鲜花），说的是文章新颖。文名声望崇高尊隆，是说韩愈死后，学者对他的景仰有如泰山北斗；道德修养十分醇正，是说程明道的道德修养“纯粹如精金，温润如良玉”。

【原文】　**李白才高，咳唾随风生珠玉；孙绰词丽，词赋掷地作金声。萤辉竹素，蠹走芸编。**

【译文】李白的文才很高，咳唾出来的唾沫随着风成了珠玉；孙绰文辞美丽，所作的诗赋掷在地下发出金石的声音。萤火虫发出的光亮，可以照亮竹简上的文字，让人夜读；勤奋的书生孜孜不倦地学习，好比蠹鱼在放有芸香的书里爬行。

科　第

【原文】　士人入学曰游泮，又曰采芹；士人登科曰释褐，又曰得隽。

【译文】书生中了秀才入学读书称为“游泮”，又称为“采芹”；士人考中进士可以脱去布衣称为“释褐”，又称为“得隽”。

【原文】　宾兴即大比之年，贤书乃试录之号。鹿鸣宴，款文榜之贤；鹰扬宴，待武科之士。

【译文】宾兴就是乡试大考的年份，登贤书就是乡试应考录取的称号。“鹿鸣宴”，款待的是文科科举的优胜者；“鹰扬宴”，宴请的是考取的武举人。

【原文】　文章入式，有朱衣以点头；经术既明，取青紫如拾芥。其家初中，谓之破天荒；士人超拔，谓之出头地。

【译文】凡是合格的文章，都是朱衣人点头同意的；读书人只要学懂儒家经典，取得官职如同弯腰捡拾草芥一样容易。那个地方的人初次考中，叫作破天荒；士子高超出众，叫作出人头地。

【原文】　中状元，曰独占鳌头；中解元，曰名魁虎榜。琼林赐宴，宋太宗之伊始；临轩问策，宋神宗之开端。

【译文】俗语称中状元为“独占鳌头”，中解元称为“名魁虎榜”。从宋太宗太平兴国二年开始，赐宴新科进士于皇家园林琼林苑，后称为琼林宴；宋代试取进士，经礼部会试后，还有殿试，由皇帝亲自主持，这就是“临轩问策”，以前是考诗赋，从宋神宗时起考诏策等。

宋太宗赵光义

【原文】　同榜之人，皆是同年；取中之官，谓之座主。应试见遗，谓之龙门点额；进士及第，谓之雁塔题名。贺登科，曰荣膺鹗荐；入贡院，曰鏖战棘闱。

【译文】同一榜考中的举人、进士等互称“同年”；对主持考试的官员，称“座主”。应试者没有考中，称之为“龙门点额”；考中进士，称之为“雁塔题名”。恭贺科举登第，说“荣膺鹗荐”；进入贡院考场，说是“鏖战棘围”。

【原文】金殿唱名曰传胪，乡会放榜曰撤棘。攀仙桂，步青云，皆言荣发；孙山外，红勒帛，总是无名。

【译文】殿试后金銮殿上传唱新科进士名次的典礼称为“传胪”，乡试、会试到了“放榜”期称为“撤棘”。攀折同桂，平步青云，都是说进士及第、荣耀发达；名字在孙山以外，试卷被红勒帛，都是榜上无名、没有考取的婉转之辞。

【原文】英雄入吾彀，唐太宗喜得佳士；桃李属春官，刘禹锡贺得门生。薪，采也；槱，积也；美文王作人之诗，故考试谓之薪槱之典。汇，类也；征，进也；是连类同进之象，故进贤谓之汇征之途。

【译文】“天下英雄入吾彀中”，是唐太宗看到新科进士时的得意的感慨；“满城桃李属春官”，是刘禹锡恭贺礼部长官发榜（从而又多一批“门生”）时的诗句。薪，是采木作柴，槱，是积来，《诗经》采伐积聚木柴以备燃烧来歌颂周文王培育、网罗天下人才，所以后世称考试为“薪槱之典”；汇，是聚集同类，征，是进用，《易经》中“以其汇，征吉”的卦辞，讲的是汇集优秀人才一同进用的卦象，所以举荐贤人称为“汇征之途”。

【原文】赚了英雄，慰人下第；傍人门户，怜士无依。虽然，有志者事竟成，伫看荣华之日；成丹者火候到，何惜烹炼之功。

【译文】英雄都受骗了，你何必不快呢，这是安慰人没有考取的话；投傍谁家的门户，这是说未被取录的读书人还得依赖别人。虽然如此，有大志的人事业必定成功，早晚会有荣华富贵那一天；但也正如炼丹成功一定要到火候，因此决不能吝惜烹炼的功夫。

制　作

【原文】　上古结绳记事，苍颉制字代绳。龙马负图，伏羲因作八卦；洛龟呈瑞，大禹因列九畴。

【译文】传说上古用绳结记事，黄帝史官苍颉始造文字。龙马背负河图，伏羲因而画作八卦；洛龟呈现祥瑞，大禹因而排列成九类法则。

【原文】　历日是神农所为，甲子乃大挠所作。算术作于隶首，律吕造于伶伦。

【译文】历法，是神农氏所创制；天干、地支，是黄帝的史官大挠所作。计算方法，传说是黄帝臣子隶首所创；乐律，传说是黄帝臣子伶伦所创。

【原文】　甲胄舟车，系轩辕之创始；权量衡度，亦轩辕之立规。伏羲氏造网罟，教佃渔以赡民用；唐太宗造册籍，编里甲以税田粮。

【译文】甲、胄、舟、车，是黄帝轩辕氏所始创；权、量、衡、度（即秤、尺、斗等），也是黄帝（轩辕氏）创造。伏羲氏造网罟，教人民打猎捕鱼，以供给人民饮食之用；唐太宗造册籍，编里甲，是为了向人民征收田粮力役之税。

【原文】　兴贸易，制耒耜，皆由炎帝；造琴瑟，教嫁娶，乃是伏羲。冠冕衣裳，至黄帝而始备；桑麻蚕织，至元妃而始兴。

【译文】传说实行交易，制作农具是从炎帝（神农氏）时开始的；传说造琴瑟等乐器，实行较进步的婚姻制度，是从伏羲氏时开始的。传说衣帽服装，从黄帝时开始完备；传说养蚕织布，是黄帝的正妻元妃嫘祖发明的。

【原文】　神农尝百草，医药有方；后稷播百谷，粒食攸赖。燧人氏钻木取火，烹饪初兴；有巢氏构木为巢，宫室始创。

【译文】传说中药是炎帝（神农氏）遍尝百草而发现的，所以才有了药方；周代的先祖后稷教百姓播种百谷，人们的食粮从此有了保障。传说上古燧人氏（古燧明国帝王）钻木取火，烹饪的方法自此才开始；有巢氏（传说上古圣人）用树木建巢，宫室的制度从此创立。

【原文】　夏禹欲通神祇，因铸镛钟于郊庙；汉明帝崇佛教，始立寺观于中朝。阿育王得疾，因造无量宝塔；秦始皇防胡，特筑万里长城。

【译文】夏禹想向天神地祇表示诚敬，因此铸造了镛钟置于郊祭的庙中；汉明帝尊敬崇奉佛教，才开始在中国建立寺庙。古印度摩揭陀国国王得病，大力推广佛教，修塔成千上万；秦始皇为了防御北方匈奴人的入侵，特修成万里长城。

【原文】　叔孙通制立朝仪，魏曹丕秩序官品。周公作指南车，罗盘是其遗制；钱乐作浑天仪，历家始有所宗。

【译文】叔孙通借鉴古礼与秦制，定立了朝廷礼仪；三国魏帝曹丕为了能更好地选拔官吏，建立了"九品中正"制。周公制作了指南车，后来的罗盘就是在它的基础上演变而成；钱乐制作了浑天仪，历法家从此才有了遵循的依据。

【原文】　周公独制礼乐，萧何造立律条。尧帝作围棋，以教丹朱；武王作象棋，以象战斗。

【译文】周公亲自制定了周朝的礼乐，萧何主持制定了汉朝的法令。唐尧创制围棋，用来教化儿子丹朱；北周武帝始创象棋，用来模仿打仗。

【原文】　文章取士，兴于赵宋；应制以诗，起于李唐。梨园子弟，乃唐明皇作始；《资治通鉴》，乃司马光所编。

【译文】以文章作为科举中选拔人才的依据，是从赵氏的宋朝开始的；奉皇帝之命作诗，起始于李氏唐代。"梨园子弟"，是唐明皇最早称谓的；《资治通鉴》，是宋司马光主持编撰的。

【原文】　笔乃蒙恬所造，纸乃蔡伦所为。凡今人之利用，皆古圣之前民。

【译文】相传毛笔是秦大将蒙恬发明的，纸是东汉和帝时宦官蔡伦发明制造的。凡是现在人所利用的一切，都是古人的发明创造，开了民用之物的先河。

技　艺

【原文】　医士业岐轩之术，称曰国手；地师习青乌之书，号曰堪舆。卢医扁鹊，古之名医；郑虔崔白，古之名画。

【译文】中医大夫善用“岐轩之术”，对最高明的医生称为“医国手”；风水先生学的是青乌所著的书，被称为“堪舆家”。卢医和扁鹊，是古代有名的医生；郑虔和崔白，是古代的著名画家。

扁　鹊

【原文】　晋郭璞得《青囊经》，故善卜筮地理；孙思邈得龙宫方，能医虎口龙鳞。善卜者，是君平、詹尹之流；善相者，即唐举、子卿之亚。

【译文】晋人郭璞跟卜者郭公学习，并得青囊中书九卷，因而善于天文、堪舆、卜筮之术；唐朝医学家孙思邈，传说龙王赠给他水府药方三十首，曾为虎取出吞进的金钗，为病龙点鳞。善于卜卦的，是严君平、郑詹尹这一流的人物；擅长看相的，就是唐举、子卿这一等次的人物。

【原文】　推命之人曰星士，绘画之人曰丹青。大风鉴，相士之称；大工师，木匠之誉。

【译文】精通算命的人，称为“星士”；擅长绘画的人，叫作“丹青手”。“大风鉴”是对相士的称谓，“大工师”是对木匠的誉称。

【原文】　若王良、若造父，皆善御之人；东方朔、淳于髡，系滑稽之辈。

【译文】像王良、像造父，都是擅长驾车的人；东方朔、淳于髡，都是滑稽之流的人物。

【原文】　称善卜卦者，曰今之鬼谷；称善记怪者，曰古之董狐。称诹日之人曰太史，称书算之人曰掌文。

【译文】称赞善于算卦的人，说他是当今的“鬼谷”；称赞善于搜集神怪之事的人，说他是过去的“董狐”。称精通选择吉日的人为“太史”，称善于记账、计算的人为“掌文”。

【原文】　樗蒲之戏，乃云双陆；桔中之乐，是说围棋。掷骰者，喝雉呼卢；善射者，穿杨贯虱。

【译文】樗蒲作为一种类似玩纸牌的赌博游戏，被作为“双陆”；“桔中”的乐趣，说的就是下围棋。善于掷骰子赌博的人称作喝雉呼卢；善于射箭的人，能百步之外射杨柳叶，穿过虱子。

【原文】　陈平作傀儡，解汉高白登之围；孔明造木牛，辅刘备运粮之计。公输子削木鸢，飞天至三日而不下；张僧繇画壁龙，点睛则雷电而飞腾。

【译文】陈平曾经在城上制作了一个木偶美女，化解了汉高祖被匈奴围困白登山的危机；孔明造木牛、流马，帮刘备巧设运送粮食之计。公输班削木头做成鸢，竟能够飞上天去达三日之久而不下来；张僧繇在墙壁上画成四条龙，点上眼睛竟雷电并作而腾空飞去。

【原文】　然奇技似无益于人，而百艺则有济于用。

【译文】虽然过于奇巧的技艺，对世人并没有好处，然而日常所需的各种工艺技能，则可以供人们利用而有所助益。

讼　狱

【原文】　世人惟不平则鸣，圣人以无讼为贵。上有恤刑之主，桁杨雨润；下无冤枉之民，肺石风清。

【译文】世上百姓遇到不公平的事情就要鸣冤告状，而圣人则认为人与人之间根本不发生冲突，没有官司可打，才是最重要的，因为只有这样才说明治国有方。有不肯轻易用刑罚的君主，"桁杨"（夹颈或脚的木夹棍）就像树木一样受雨露滋润；下面没有受冤枉的百姓，伸冤人所站的肺石（赤石，像肺，百姓有冤屈站在上面三天，便会有人受理）就清冷了。

【原文】 **虽图圄便是福堂，而画地亦可为狱。与人构讼，曰鼠牙雀角之争；罪人诉冤，有抢地吁天之惨。**

【译文】虽然人遭忧苦才能改恶从善，从这个意义上说，牢狱可以成为福地；但上古时民风淳厚，又有谁做错了事情在地上画个圆圈就算坐牢了。人与人冲突打起官司，被称作是"鼠牙雀角之争"；被定罪的人有冤屈要申诉，常有呼天喊地般惨状。

【原文】 **狴犴猛犬而能守，故狱门画狴犴之形；棘木外刺而里直，故听讼在棘木之下。乡亭之系有岸，朝廷之系有狱，谁敢作奸犯科；死者不可复生，刑者不可复赎，上当原情定罪。**

【译文】"狴犴"如猛犬善于看守，所以牢狱门画有狴犴之形；棘木外长刺而内直，因此司法的大司寇在棘木下审理案件。乡亭拘系罪犯的地方叫"岸"，朝廷拘系罪犯的地方叫"狱"，谁还敢做坏事来触犯法律；被杀死的人不可能再复活，被断掉的肢体不可以重新接起来，所以在上面的人应该依据罪犯的实际情况慎重量刑定罪。

【原文】 **图圄是周狱，羑里是商牢。桎梏之设，乃拘罪人之具；缧绁之中，岂无贤者之冤。**

【译文】"图圄"是周朝的监狱所在地，"羑里"是商朝的监狱所在地。设置脚镣手铐，是拘留犯罪人的刑具；在被缚犯人中间，哪能没有被冤枉的好人？

【原文】 **两争不放，谓之鹬蚌相持；无辜牵连，谓之池鱼受害。请公入瓮，周兴自作其孽；下车泣罪，夏禹深痛其民。**

【译文】双方争执不休，互不相让，叫作鹬蚌相争；无缘无故受到牵连，叫作池鱼受害。请君入瓮，周兴自食其果；下车询问罪人而流泪，是夏禹为不能教育感化百姓而自责。

【原文】 **好讼曰健讼，累及曰株连。为人解讼，谓之释纷；被人栽冤，谓之嫁祸。**

【译文】喜欢打官司，叫“健讼”，牵连得罪，叫“株连”。为别人解除诉讼，称之为“释纷”；被别人冤枉陷害，称之为“嫁祸”。

【原文】 **徒配曰城旦，遣戍是问军。三尺乃朝廷之法，三木是罪人之刑。**

【译文】判徒刑罚做苦工叫作城旦，流放到边疆当兵守边叫作问军。“三尺”，指的是朝廷的法律；“三木”，指的是施于犯人的刑具。

【原文】 **古之五刑：墨、劓、剕、宫、大辟；今之律例：笞、杖、死罪、徒、流。上古时削木为吏，今日之淳风安在；唐太宗纵囚归狱，古人之诚信可嘉。**

【译文】古代的五刑，是墨（刺面并染黑）、劓（割鼻）、剕（砍脚）、宫（破坏生殖器）、大辟（处死）；明清法律规定的五刑是：笞（用竹片或荆条抽打）、杖（用木棍或鞭击打）、死罪、徒（罚做苦役）、流（流放到边远地方）。上古时把用木刻的吏放在犯人家中，犯人抱木吏到公庭听讼，不用人捉拿，现在哪有这样淳厚的风气；唐太宗于贞观六年亲自过问死囚，放三百九十八人还家，命他们明年秋前来伏法，到了指定的日期囚犯果然都如期归狱，古人的诚实可靠，值得称赞。

【原文】 **花落讼庭闲，草生囹圄静，歌何易治民之简；吏从冰上立，人在镜中行，颂卢奂折狱之清。可见治乱之药石，刑罚为重；兴平之粱肉，德教为先。**

【译文】花落在听讼的庭上多么清闲，草生在牢狱里面多么幽静，这是人民歌颂何易于治民简易，能使人民息讼的诗句；审问案件的官吏似在冰上站着得清洁，诉讼的人民似在镜子中行走得明亮，这是人民歌颂卢奂为官清正，能使属吏断狱廉洁的诗句。兴平治乱，治国治民犹如养身，刑罚好比治病的良药；道德教化好比强身的美味。

释道鬼神

【原文】 如来释迦即是牟尼，原系成佛之祖；老聃李耳即是道君，乃为道教之宗。鹫岭祇园，皆属佛国；交梨火枣，尽是仙丹。

【译文】佛教创始人姓乔达摩，名悉达多，释迦牟尼是佛教徒尊他的圣号，意为"释迦族的圣人"，又称"如来佛"，原是佛教的祖先；春秋时代的思想家老子，姓李名耳，又称老聃，就是道君，被后世奉为道教始祖。鹫岭和祇园，都是佛祖释迦牟尼居住过的地方；交梨和火枣，是两种被道家称为吃了可以成仙的丹药。

【原文】 沙门称释，始于晋道安；中国有佛，始于汉明帝。籛铿即是彭祖，八百高年；许逊原宰旌阳，一家超举。

【译文】和尚、僧侣称释迦子，即佛门弟子，自东晋僧道安开始；中国有佛教，是从汉明帝时开始。中国传说中的仙人籛铿 (jiān kēng) 生在彭城，又叫彭祖，寿高到八百岁；东晋道士许逊原本是旌阳县令，传说全家四十二口人"拔宅飞升"。

【原文】 波罗犹云彼岸，紫府即是仙宫。曰上方，曰梵刹，总是佛场；曰真宇，曰蕊珠，皆称仙境。

【译文】梵语波罗蜜多，即汉语"到彼岸"，紫府即道教称仙人居住之地。上方、梵刹，都是佛场；真宇、蕊珠，都称仙境。

【原文】 伊蒲馔，可以斋僧；青精饭，亦堪供佛。香积厨，僧家所备；仙麟脯，仙子所餐。

【译文】伊蒲塞（梵语指在家修行的男性佛教徒）的饭食，可以舍给僧人；青精饭（用中药黑饭草浸米做成的饭），也可以供奉神佛。香积厨房，僧家所必备；仙麟脯馔，仙子所食用。

【原文】佛图澄显神通，咒莲生钵；葛仙翁作戏术，吐饭成蜂。达摩一苇渡江，栾巴巽酒灭火。

【译文】西域僧人佛图澄显露出神奇的本领，念动咒语，顷刻间莲花就从瓦钵里生出来；葛仙翁耍弄游戏的法术，能吐饭成蜂，蜂飞入口中又成了饭。印度人达摩，被梁武帝迎来中国，住在南京，后来前往嵩山少林寺，用一根芦苇便渡过了长江。汉代的栾巴很有道术，有一天汉桓帝赐他喝酒，他竟把酒向西南喷去，说是其故乡成都有火灾，故喷酒以灭之。数日后成都果然奏报有火灾发生。

【原文】吴猛画江成路；麻姑掷米成珠。飞锡挂锡，谓僧人之行止；导引胎息，谓道士之修持。

【译文】相传晋道士吴猛由北南渡长江，水涨无舟，他以扇划开江水遂成大路；传说汉代仙女麻姑飘落蔡经家，撒在地上的米都变成了珍珠。“飞锡”“挂锡”，是对僧人出游或停留的特殊说法；“导引”“胎息”，讲的是道士养生修行的特殊方法。

【原文】和尚拜礼曰和南；道士拜礼曰稽首。曰圆寂，曰荼毗，皆言和尚之死；曰羽化，曰尸解，悉言道士之亡。

【译文】和尚双手合十的行礼方式，叫“和南”；道士叩头至地的行礼方式，叫“稽首”。“圆寂”“荼毗”，说的都是和尚去世；“羽化”“尸解”，说的都是道士逝世。

【原文】女道曰巫，男道曰觋，自古攸分；男僧曰僧，女僧曰尼，从来有别。羽客黄冠，皆称道士；上人比丘，并美僧人。

【译文】女道士叫巫，男道士叫觋，这是自古以来所分别的叫法；男和尚叫僧，女和尚叫尼，这是从来就有区别的。南唐道士谭紫霄出入宫廷，赐号金门羽客，隋朝李播弃官为道士，因其束发之冠尚黄色，号黄冠子，后世称“羽客”“黄冠”为道士；上人（即高僧）和比丘（梵语男僧），是对僧人的美誉。

【原文】檀越檀那，僧家称施主；烧丹炼汞，道士学神仙。

【译文】梵语“檀越”“檀那”“施主”，都是僧人们指向寺院和僧人施舍财物饮食的世俗信徒；道士们在炉鼎中烧炼矿石药物而成“金丹”，据说服之可长生不死做神仙。

【原文】 **和尚自谦，谓之空桑子；道士诵经，谓之步虚声。**

【译文】传说有莘氏女采桑得婴儿于空桑中，取名伊尹，由庖人养大，后为商汤王之相。和尚自称空桑子，是自谦之辞，取无父母之意。传说曹植游山，忽闻空中有诵经声，解音人说是神仙的声音。道士仿效这种声音，称为“步虚声”。

【原文】 **菩者普也，萨者济也，尊称神祇，故有菩萨之誉；水行龙力大，陆行象力大，负荷佛法，故有龙象之称。**

【译文】菩是普遍的意思，萨是救助的意思，把这两个字合在一起作为对神佛的尊称，这样就有了菩萨的美名；水里面走的动物，龙的力量最大，陆地上走的动物，象的力量最大，能够背负佛法，所以有龙象的称呼。

【原文】 **儒家谓之世，释家谓之劫，道家谓之尘，具谓俗缘未脱；儒家曰精一，释家曰三昧，道家曰贞一，总言奥义之无穷。**

【译文】儒家说的世俗，释家说的劫数，道家说的凡尘，都是说尚未摆脱普通人的世俗观念；儒家说精粹纯一，释家说心神专一，道家说忠贞如一，都是说无穷的深奥道理。

三教图

【原文】 **达摩死后，手携只履西归；王乔朝君，舄化双凫下降。**

【译文】达摩是南朝梁代从古印度来中国传播佛法的僧人，传说他在少林寺圆寂后很久，北魏一位使者从西域回来，在葱岭见达摩手提一只鞋从东方走来，问他到哪里去？他说，回西天；王乔是古代传说中的仙人，相传汉明帝时他做叶县令，每次去京城朝见皇帝，都看不到他乘车，明帝命人侦察，见他来时先有一对野鸭飞来，用网捕下野鸭，得到的却是两只鞋子。

【原文】辟谷绝粒，神仙能服气炼形；不灭不生，释氏惟明心见性。

【译文】“辟谷绝粒”（只吃药物，不食五谷），神仙能够通过这种特定的呼吸办法，吸食日月精华，修炼身体；不熄灭，不产生，释迦牟尼能够从内心悟道，不受外界束缚。

【原文】梁高僧谈经入妙，可使顽石点头，天花坠地；张虚靖炼丹既成，能令龙虎并伏，鸡犬具升。

【译文】晋宋间有一高僧名道士，在苏州虎丘山聚顽石为徒宣讲佛法，说到万物都有佛性处，顽石一齐点头，天上各种鲜花纷纷落地；传说张道陵七世孙张虚靖炼丹成仙以后，能降龙伏虎，鸡犬都跟着升天。

【原文】藏世界于一粟，佛法何其大；贮乾坤于一壶，道法何其玄。妄诞之言，载鬼一车；高明之家，鬼瞰其室。

【译文】把世界藏在一粒米中，佛法的威力怎么那样强大；把天地储藏在一把空壶里面，道家的仙术怎么那样玄妙。离奇古怪的胡话，犹如载一车以无为有的鬼魂；富贵的家，连鬼都偷看其家室是否做了坏事。

【原文】《无鬼论》，作于晋之阮瞻；《搜神记》撰于晋之干宝。颜子渊、卜子夏，死为地下修书郎；韩擒虎、寇莱公，死作阴司阎罗王。

【译文】《无鬼论》里力主没有鬼神，其作者是晋朝的阮瞻；《搜神记》专记鬼神故事，其作者是晋朝的干宝。颜渊、卜商，死后都在地下做修书郎的文官；韩擒虎、寇莱公，死后都在阴司里做阎罗王。

寇 準

【原文】至若土谷之神曰社稷，乾旱之鬼曰旱魃。魑魅魍魉，山川之祟；神荼郁垒，啖鬼之神。

【译文】五土之神（传说是共工之子句龙，一说为大禹）为社，五谷之神（传说是周朝祖先后稷）为稷，主管干旱的神，叫作旱魃（bá）。魑魅、魍魉，都是山川中的精怪；神荼、郁垒，都是善于治鬼的门神。

【原文】　仕途偃蹇，鬼神也为之揶揄；心地光明，吉神自为之呵护。

【译文】做官的道路困顿，鬼神也对他拍手嘲弄；心地光明磊落，吉祥之神也就自然会替他呵禁守护。

鸟　兽

【原文】　麟为毛虫之长，虎乃兽中之王。

【译文】麒麟是古代传说中的“仁兽”，是吉祥的象征，是有毛类动物中最尊贵的；虎是兽类中最凶猛的，所以它是兽中之王。

麒　麟

【原文】　麟凤龟龙，谓之四灵；犬豕与鸡，谓之三物。騄駬骅骝，良马之号；太牢大武，乃牛之称。

【译文】麒麟、凤凰、乌龟和龙，被称为“四灵”（即四种有灵性的神兽）；犬（狗）、豕（shǐ，猪）和鸡，被称为“三物”（即三种盟誓中所用的动物）。古人结盟、立誓时，将动物的血滴入酒中，饮酒立誓。据说，君王间盟誓用的是狗血，大臣间用猪血，平民间用鸡血。騄駬、骅骝，都是骏马的名号；太牢、大武，是祭祀中对所用牛的称呼。

【原文】　羊曰柔毛，又曰长髯主簿；豕名刚鬣，又曰乌喙将军。鹅名舒雁，鸭号家凫。

【译文】羊的别名叫“柔毛”，又叫“长髯主簿”；豕（猪）的别名叫“刚鬣”，又叫“乌喙将军”。因为鹅形似大雁而行动缓慢，因此古人称之为舒雁；因为凫是野鸭，所以又称鸭为家凫。

【原文】　鸡有五德，故称之曰德禽；雁性随阳，因名之曰阳鸟。

【译文】左书上说，鸡有五德：头戴冠是“文”，脚能搏斗是“武”，敌人面前敢斗是“勇”，看见有食物互相招呼是“仁”，打鸣报晓不误是“信”，因此被称为“德禽”；大雁生性喜欢暖和的太阳，秋天到了就向南飞，春天来了又向北飞，因此称大雁为“阳鸟（候鸟）”。

【原文】家狸乌圆，乃猫之誉；韩卢楚犷，皆犬之名。麒麟驺虞，俱好仁之兽；螟螣蟊贼，皆害苗之虫。

【译文】家狸和乌圆，都是猫的美称；韩国的“卢”、楚国的“犷”，都是古代的名犬。麒麟和驺虞，是两种讲仁义的兽类；螟、螣、蟊、贼，都是妨害禾苗的虫子。

【原文】无肠公子，螃蟹之名；绿衣使者，鹦鹉之号。

【译文】“无肠公子”，是螃蟹的别名；“绿衣使者”是唐玄宗给鹦鹉的封号，因为唐代杨崇义的妻子与人私通杀害了丈夫，又告到官府说丈夫外出被害，当官吏到杨家调查时，他家鹦鹉说出了杀害主人的奸夫名字，所以唐玄宗给鹦鹉加了这个封号。

【原文】狐假虎威，谓借势而为恶；养虎贻害，谓留祸之在身。

【译文】从前有一只老虎想要吃一只狐狸，狐狸说：“天帝让我来管理所有的动物，如果你吃了我，就是违反了上帝的命令，假如你不相信，我就走在你的前面，你跟在后面，你看所有的动物怕不怕我。”老虎就跟在狐狸后面走，果然看见所有的动物都逃跑了。后来就用这个狐假虎威的故事比喻借别人的威势干坏事。秦末，刘邦与项羽争天下，项羽兵败东去，张良对刘邦说，如不趁项羽军队疲劳，粮草断绝一举消灭，就是“养虎自贻患”，意思是养老虎给自己留下祸根。

【原文】犹豫多疑，喻人之不决；狼狈相倚，比人之颠连。胜负不分，不知鹿死谁手；基业易主，正如燕入他家。

【译文】犹、豫是两种兽类，性多疑，后被用来比喻人做事迟疑不果断；狼无狈不能立，狈无狼不能行，若相离则进退不得，狼狈是形容那些互相勾结，为非作歹的人。胜负尚未分明，如同打猎时射鹿，大家共同追逐，不知它将死在谁人手里；基业更换了主人，如同燕子春来冬去，飞入别人的家里。

【原文】 **雁到南方，先至为主，后至为宾；雉名陈宝，得雄则王，得雌则霸。**

【译文】秋天来到，大雁就飞向南方，传说大雁在仲秋节前，先飞到南方的就是主人了，而小雁在仲秋节以后到达，就是南方的客人了。据说秦穆公时，陈仓地方有个人挖到一只动物，长得又像羊可又不是羊，准备贡献给秦穆公，在回家的路上遇到两个小孩，说："这个动物的名字叫媪，生活在地下，专吃死人的脑子。"动物说："这两个小孩名叫陈宝，如果能得到雄的就能称王，如果能得到雌的就可以称霸。"陈仓人听完此话就放跑了媪，去追小孩，那两个小孩变成野鸡飞走了，陈仓人报告了秦穆公，秦穆公急忙派人围猎，得到了雌的野鸡，果然当上了霸主。

【原文】 **刻鹄类鹜，为学初成；画虎类犬，弄巧反拙。**

【译文】东汉马援在给侄子的信中说，希望你学习谨慎廉洁的龙述，不要学习豪侠仗义的杜保，学龙述不成还可以成为谨慎的人，就像刻天鹅不成还能像鸭子，学杜保不成却可能成为轻薄子弟，这就像画虎不成反而像狗了。所以后来用"刻鹄类鹜"形容学习初见成效；用"画虎类犬"形容弄巧成拙。

马　援

【原文】 **美恶不称，谓之狗尾续貂；贪图不足，谓之蛇欲吞象。**

【译文】古代皇帝近侍官员用貂尾作官帽装饰，晋代赵王司马伦夺得皇位，滥封同谋当官，民谣说，貂尾不足，用狗尾来代替，后世用"狗尾续貂"形容美的东西与丑恶的东西不相配，或以坏的东西接续好的东西；古代传说巴蛇吞下大象，过了三年才吐出象的骨头，后世用"蛇欲吞象"形容贪心不知满足。

【原文】 **祸去祸又至，曰前门拒虎，后门进狼；除凶不畏凶，曰不入虎穴，焉得虎子。**

【译文】东汉和帝打击外戚的势力，亲信太监，导致国家危亡，有人说这是"前门拒虎，后门进狼"。后来用此成语比喻为了消除一个祸害却招来另一个祸害；东汉班超出使西域，有北使破坏汉与西域关系，班超对部下说："不入虎穴，焉得虎子。"夜里攻入北营斩杀北使。后来用此成语说明为除掉祸患，就不要害怕去碰它。

【原文】 **鄙众趋利，曰群蚁附膻；谦己爱儿，曰老牛舐犊。**

【译文】庄子说，蚂蚁喜欢羊肉，因为羊肉有膻味，因此，形容小人们追求利禄，常说"群蚁附膻"；三国时杨彪的儿子杨修被曹操杀掉，一天曹操问杨彪为什么近来这么瘦？杨彪说，是因为有老牛舐犊之爱，后来便用"老牛舐犊"表明自己难以摆脱爱子之情。

【原文】 **无中生有，曰画蛇添足；进退两难，曰羝羊触藩。**

【译文】在本来没有的事物里面生出有的事物来，叫作画蛇添足；前进困难，后退也困难，叫作公羊角撞在篱笆上被钩着。

【原文】 **杯中蛇影，自起猜疑；塞翁失马，难分祸福。**

【译文】东汉时，汲县令应郴到主簿杜宣家饮酒，杯中映出墙上弓的影子，他以为是蛇，回家就得了病，杯中（弓）蛇影的故事，形容人自生猜疑；古时塞上有一老翁，他的马无故逃往北国，大家都安慰他，他说，怎么知道这不是福呢？过了几天，他的马回来了，还带回了胡马。塞翁失马的故事告诉人祸与福在一定条件下是可以互相转变的。

【原文】 **龙驹凤雏，晋闵鸿夸吴中陆士龙之异；伏龙凤雏，司马徽称孔明庞士元之奇。**

【译文】晋代陆云与哥哥陆机齐名，闵鸿见到陆云时说，这孩子如果不是龙驹（幼龙），一定是凤雏（幼凤）；三国时刘备向司马徽请教指点时局，司马徽向他推荐说，这里有伏龙、凤雏都是识时务的俊杰，伏龙就是孔明（诸葛亮），凤雏就是庞统（字士元）。

诸葛亮

【原文】 **吕后断戚夫人手足，号曰人彘；胡人腌契丹王尸骸，谓之帝羓。**

【译文】因汉高祖偏爱戚夫人，当高祖死后，吕后就切断了戚夫人的手脚，挖去眼睛，割掉耳朵，破坏她的声带，放在厕所里称她为"人彘"（猪人）；

契丹王耶律德光率兵向南侵犯时，途中生病，病死在胡林（地名），契丹人剖空他的腹脏，装入咸盐器皿中北归，南边的人称其为帝羓（干肉皇帝）。

【原文】　**人之狠恶，同于梼杌；人之凶暴，类于穷奇。王猛见桓温，扪虱而谈当世之务；宁戚遇齐桓，扣角而取卿相之荣。**

【译文】人的凶狠，就好像"梼杌"一样；人的残暴，就类似"穷奇"。东晋大将军桓温北伐时，王猛见桓温，一面捉虱子，一面谈论国事，显露出从容不迫的样子；春秋时齐桓公从宁戚的家路过，宁戚便敲起牛角唱起歌来，桓公从歌声中听出宁戚是个很有才华的人，便拜他为上卿。

【原文】　**楚王轼怒蛙，以昆虫之敢死；丙吉问牛喘，恐阴阳之失时。**

【译文】春秋时，越王（一说楚王）准备伐吴，出门看见发怒鼓气的青蛙，便轼（以手扶车前横木）而致敬，是想让士兵效法昆虫（青蛙）勇敢不怕死的精神。丙吉是西汉丞相，路见横死的人不去过问，而看见牛在气喘便过问。有人问其原因，他说："死人自有京兆尹查处，丞相是掌管国家大事的人，现在正值春天，牛就大喘，恐怕是阴阳失调呀，所以应该过问牛喘。"

【原文】　**以十人而制千虎，比言事之难胜；驰韩卢而搏蹇兔，喻言敌之易摧。兄弟如鹡鸰之相亲，夫妇如鸾凤之配偶。**

【译文】宋代常安民在给吕公著的信中说："以十人制服一虎则人胜；以一人制服十虎而虎胜，为什么还要以十人制服千虎呢？"这话是说有些事做起来很难；战国时，范雎对秦昭王说："以秦国的强大实力而攻伐诸侯，就像以猛犬追捕蹇兔（疲兔），霸王之业是完全可以实现的。"后人用这句话喻敌人是很容易被打败的。兄弟要像鹡鸰鸟一样相亲相爱；夫妻要像鸾鸟和凤凰一样恩爱和谐。

【原文】　**有势莫能为，曰虽鞭之长，不及马腹；制小不用大，曰割鸡之小，焉用牛刀。鸟食母者曰枭，兽食父者曰獍。**

【译文】有力量不能够做，就说虽然鞭子长，可是达不到马肚子上；制服小的东西不须用大的东西，就说杀这样小的鸡，怎么用得着宰牛的刀。长大以后吃掉母亲的鸟是枭，吃掉父亲的兽是獍。

【原文】　苛政猛于虎，壮士气如虹。腰缠十万贯，骑鹤上扬州，谓仙人而兼富贵；盲人骑瞎马，夜半临深池，是险语之逼人。

【译文】苛重的政令赋税比老虎还厉害，壮士的气概就像长虹跨越天空。一群人在一起谈志向，有的人想做扬州刺史，有的人想发财，有的想跨鹤升仙，有一人想兼有三者，说“腰缠十万贯，骑鹤上扬州”。东晋桓温、殷仲堪请人在一起说“危语”，有人说“盲人骑瞎马，夜半临深池”。殷仲堪瞎一目，因此说：“这话咄咄逼人。”

【原文】　黔驴之技，技止此耳；鼯鼠之技，技亦穷乎。强兼并者曰鲸吞，为小贼者曰狗盗。

【译文】贵州本无驴，有人牵去一只驴，驴大叫，虎见了很害怕，后来，虎想尽办法激怒驴，驴便用脚踢老虎，虎见了大喜说：“驴的本领就只有这一点。”便把驴吃掉了；鼯鼠是一种飞鼠，有五技：据说，能飞翔不能上屋，能攀援不能上树，能游泳不能渡谷，能挖穴不能掩身，能走路不能先人，因此，虽有五技，却没有多大用处，比喻为学涉猎广而不能专精。强横地兼并别人的土地财物的行为叫作鲸吞，小偷小摸只能算鸡鸣狗盗。

【原文】　养恶人如养虎，当饱其肉，不饱则噬；养恶人如养鹰，饥之则附，饱之则扬。隋珠弹雀，谓得少而失多；投鼠忌器，恐因甲而害乙。

【译文】三国时吕布通过陈登向曹操要求做徐州牧，曹操不允，吕布大怒。陈登对曹操说，待将军就像养虎，应让他吃饱肉，否则就要吃人。曹操却说，不然，这像养鹰，饥了才能为我所用，饱了就会飞去。用稀世珍宝隋侯珠去打鸟雀，可谓是得不偿失；要打鼠又怕毁掉器皿，是形容做事有所顾忌，唯恐伤害了他人。

【原文】　事多曰猬集，利小曰蝇头。心惑曰狐疑，人喜曰雀跃。

【译文】事情繁多又不容易处理叫作猬集，利益微小叫作蝇头。因为传说狐狸多疑，所以人有疑惑常说“狐疑”；因为麻雀生性活泼，所以人们欢喜的状态常用“雀跃”来形容。

【原文】 **爱屋及乌，谓因此而惜彼；轻鸡爱鹜，谓舍此而图他。唆恶为非，曰教猱升木；受恩不报，曰得鱼忘筌。**

【译文】周武王伐商时曾说过：“爱其人者爱其屋上乌，憎其人者憎其馀胥（篱落）”；晋庚翼善书，与王羲之齐名，但后学者多宗法王羲之，庚翼不平，说：“小儿辈轻家鸡而爱野鹜（野鸭）。”这是说丢掉这个去追求别的。挑唆恶人去做坏事，叫作教猕猴攀登树木；受了别人的恩惠而不知报答，就像捕到了鱼儿，却忘记了捕鱼的工具。

【原文】 **倚势害人，真是城狐社鼠；空存无用，何殊陶犬瓦鸡。势弱难敌，谓之螳臂当辕；人生易死，乃曰蜉蝣在世。**

【译文】栖息在城墙里的狐狸和栖息在祭土地神的社树下的老鼠，凭借城墙与社树，虽干坏事，却不能清除；陶做的狗不能守夜，瓦做的鸡不能报晓，虽有狗、鸡的形状，却没有它们的用处。势单力薄，难以抵御敌人，如同螳螂用它的前脚去挡车子一样；人的生命短暂而脆弱，如同蜉蝣生于世上而朝生夜死，非常短暂。

【原文】 **小难制大，如越鸡难伏鹄卵；贱反轻贵，似鸴鸠反笑大鹏。**

【译文】才能小的难以办成大事，就像越鸡难以孵化黄鹄蛋一样；低贱的反而看不起高贵的，就好比鸴鸠反而讥笑大鹏一样。

【原文】 **小人不知君子之心，曰燕雀岂知鸿鹄志；君子不受小人之侮，曰虎豹岂受犬羊欺。**

【译文】陈涉（胜）小时，曾为人佣耕，停止耕地走到高处，叹恨很久，说：“如果能富贵，大家不能相忘。”有人说：“为人雇佣，还说什么富贵？”陈涉说：“燕雀怎么能知道鸿鹄的大志呢？”这是说小人不知君子的想法。虎豹岂受犬羊欺，这句话来自“龙游浅水遭虾戏，虎落平原被犬欺”一诗，比喻英雄落难，被小人欺侮。

【原文】　　跖犬吠尧，吠非其主；鸠居鹊巢，安享其成。缘木求鱼，极言难得；按图索骥，甚言失真。

【译文】跖传说是春秋时代的“大盗”。韩信被吕后杀死后，汉高祖问蒯通：“是不是你教他谋反的？”并要烹死他。蒯通说：“当时不知谁是天子，盗跖之犬对尧狂吠，并非尧不好，因为尧不是它的主人。”喜鹊做好了巢，地被斑鸠占据了，形容侵占他人的劳动成果而安享其成。爬到树上去想要抓到鱼，那是根本不可能的；据说齐景公想求得一匹良马，就命画工画成图像，派人按图四处寻求，时过一年，也没有求得，原因是图与马很难相符。

【原文】　　恶人借势，曰如虎负隅；穷人无归，曰如鱼失水。九尾狐，讥陈彭年素性谄而又奸；独眼龙，夸李克用一目眇而有勇。

【译文】凶恶的人又有势力可以依靠，就像凶猛的老虎占据着有利的地形，那就没有人敢去抓它了；穷苦的人没有地方可以投奔依靠，就好比鱼失去了水一样。“九尾狐”，是人们用来讥讽宋代真宗时陈彭年的谄媚奸险；“独眼龙”，借以赞美唐末李克用只有一只眼睛却很勇敢。

【原文】　　指鹿为马，秦赵高之欺主；叱石成羊，黄初平之得仙。

【译文】秦相赵高想谋反，怕群官不从，先置一鹿于朝廷，告诉秦二世说：“这是马。”二世说：“丞相错了，这是鹿。”问左右的人，有的人不说话，有人也说是马，有说是鹿的后来都被赵高所害；古时相传，黄初平放羊，遇到一个道士把他带到金华山石室中。他的哥哥找上山来，问羊在哪里？初平大声呵斥山坡上的白石，白石全都立起变成了羊。

叱石成羊

【原文】　　卞庄勇能擒两虎，高骈一矢贯双雕。

【译文】寓言故事说，卞庄子想要刺虎，两虎正大吃东西，有人告诉他：两虎相食必相斗，斗起来大的一定受伤，小的一定死亡，到那时一举可以得两只虎，后来果然如此。唐朝人高骈年轻时，看见有双雕并飞，心想：“我今后如有富贵，便一箭射中双雕。”果然一箭射中双雕，后来他做了淮南节度使。

【原文】 司马懿畏蜀如虎，诸葛亮辅蜀如龙。

【译文】 魏军统帅司马懿害怕蜀国不敢出战，让天下人耻笑；诸葛亮辅佐刘备治国有方，有如龙飞在天。

【原文】 鹪鹩巢林，不过一枝；鼹鼠饮河，不过满腹。弃人甚易，曰孤雏腐鼠；文名共仰，曰起凤腾蛟。

【译文】 鹪鹩在树林里做巢，不过在一根树枝上；鼹鼠到河里面喝水，只要喝饱肚子就足够了。汉外戚窦宪靠后宫的势力，以贱价夺得沁水公主的田园，章帝闻知怒斥窦宪说：“你做得也太过分了，须知国家抛弃你，就像抛弃孤独的小鸟、腐烂的老鼠一样。”文采超群、才华横溢的人是民众所共仰的，被称为蛟龙腾跃、凤凰起舞。

【原文】 为公乎，为私乎，惠帝问虾蟆；欲左左，欲右右，汤德及禽兽。

【译文】 晋惠帝在华林园听到蛤蟆的叫声，问左右的：“这种叫声是为官事呢，还是为私事？”有人回答说：“在官地叫就是为官，在私地叫就是为私。”表现了惠帝的昏庸；商代成汤将捕鸟人的四面网放开三面，说鸟想往左的往左飞，想往右的往右飞，只捕捉不听教命的，他的仁德之心及于鸟兽。

【原文】 鱼游于釜中，虽生不久；燕巢于幕上，栖身不安。

【译文】 鱼在锅里游，虽然还活着，但是不会很久；燕子在帐幕上做巢，虽然可以栖身，但是却难以安稳。

【原文】 妄自称奇，谓之辽东豕；其见甚小，譬如井底蛙。

【译文】 东汉渔阳太守彭宠自以为在刘秀争天下时有功不得报偿，内心很苦闷，朱浮在给他的信中说，过去辽东有人家曾生了一头白头豕（猪），自以为少见就想献给朝廷，来到河东这个地方，看见豕都是白的，便很惭愧地回去了，你的功劳，与此相似；东汉公孙述，占据四川，自立为蜀王，妄自尊大，被称作井底蛙，是说他见识短浅、眼界狭小。

【原文】 父恶子贤，谓是犁牛之子；父谦子拙，谓是豚犬之儿。

【译文】 孔子的弟子仲弓的父亲行为不端，仲弓却很贤良，孔子说，犁牛（杂色牛）的儿子却是赤色毛又头角周正，后来人们便把坏父亲的好儿子称作“犁牛之子”；五代唐庄宗李存勖善于克敌制胜，梁太祖朱温说：“生儿子就应当像李存勖那样，可惜我的儿都是豚犬（猪狗） 罢了。”后来，做父亲的谦逊地说自己的儿子笨拙，常说是“豚犬之儿”。

【原文】 出人群而独异，如鹤立鸡群；非配偶以相从，如雉求牡匹。

【译文】 才能出众和别人不一样，就如同鹤站在鸡群里面；不是相称的配偶却跟随在一起，好比雌野鸡却求得了雄野兽。

【原文】 天上石麟，夸小儿之迈众；人中骐骥，比君子之超凡。

【译文】 南朝徐陵幼时，名僧宝志摸其头顶说：“你真是天上的麒麟呀！”后世常用“天上石麟”形容小孩子与众不同；南朝徐勉自幼成了孤儿，家里也很穷，在六岁时，就能写文章了，成年后好学不知疲倦，族人赞叹说：“这就是所谓人中骐骥，必将日行千里。”后世常用“人中骐骥”，比喻出类拔萃的君子。

【原文】 怡堂燕雀，不知后炎；瓮里醯鸡，安有广见。

【译文】 燕雀自以为居于安乐处，子母相哺，怡然自乐，有一天，烟筒的火上了房，房屋将要起火了，燕雀还不惊慌，不知灾难将要来到；醯（xū）鸡是一种小飞虫，又名蠛蠓，据传孔子见过老子之后说：“我主张的道，就像瓮中的醯鸡，不知道把握天地的整体。”

【原文】 马牛襟裾，骂人不识礼义；沐猴而冠，笑人不见恢宏。羊质虎皮，讥其有文无实；守株待兔，言其守拙无能。

【译文】 “马牛襟裾”指穿戴衣冠的禽兽，用来骂人不懂得礼仪；“沐猴而冠”是说猕猴戴了帽子，依然是猴子，用来笑人徒有其表，目光短浅没有大器量。“羊质虎皮”，用来嘲讽那些只有华丽的外表而没有实际能力的人；“守株待兔”，用来讽刺那些不主动争取，而希望得到意外收获的人。

【原文】　恶人如虎生翼，势必择人而食；志士如鹰在笼，自是凌霄有志。鲋鱼困涸辙，难待西江水，比人之甚窘；蛟龙得云雨，终非池中物，比人大有为。

【译文】凶恶的人，如同老虎生了翅膀，一定要选择人来当食物；有志气的人，如同老鹰被关在笼子里，但是冲入云霄，自然还是有这种心愿的。鲫鱼被困在干涸的辙沟里，等不及西江的水来救命，比喻人的处境非常困难；蛟龙遇上云雨就会升天，终究不会困在水池里，形容有才华的人只要得到机会，就能大显身手。

【原文】　执牛耳，为人主盟；附骥尾，望人引带。鸿雁哀鸣，此小民之失所；狡兔三窟，诮贪人之巧营。

【译文】古代诸侯歃（shà）血为盟，割牛耳取血，盛牛耳于珠盘，由主盟者执盘，因称主盟者为“执牛耳”。据说，鲁哀公与齐平公会盟于蒙地。相盟的人互相争论“谁当执牛耳”；附骥尾是谦称盼望他人提携荐引。鸿雁悲哀地鸣叫，这是比喻人民失去了日常生活的处所；狡猾的兔子，要凿就三个藏身的窟洞，这是斥责那些贪心不足的人巧于经营。

【原文】　风马牛，势不相及；常山蛇，首尾相应。

【译文】晋献公伐楚，楚成王对晋献公说：“你处北海，我处南海，就是牛马走失，也不会跑入对方的境内。”意指晋国伐楚没有道理。用来比喻事物之间毫不相干；常山蛇，比喻一种首尾相应的用兵阵法，据说，常山这个地方以蛇闻名，击它的头，它的尾也跟着呼应，击它的尾，它的头呼应，击其中某一部位，首尾一齐呼应。

【原文】　百足之虫，死而不僵，以其扶之者众；千岁之龟，死而留甲，因其卜之则灵。

【译文】百足是一种虫名，又名马陆，多足，断为两段，仍能分别行走，是一种不易于僵死的小动物，以此比喻国家要存在，必须建立许多根据地，来巩固自己的地位。龟是“四灵”之一，富有灵性的神兽，也是虫类长寿之长。龟甲裂纹别致，据说能测算人的祸福。卜是中国古代一种迷信活动。因为这些原因，龟死后甲仍会被人保留。

【原文】　大丈夫宁为鸡口，毋为牛后；士君子岂甘雌伏，定要雄飞。毋局促如辕下驹，毋委靡如牛马走。

【译文】鸡口虽小却能进食，牛后虽大却专供排泄，因此大丈夫宁肯做鸡口，不做牛后；士君子应该有大志，难道会甘心雌伏，一定要奋发有为，时候一到定要雄飞的。不要局促畏缩，如同车辕下的马儿，不要萎靡不振，如同管牛马的仆从。

【原文】　猩猩能言，不离走兽；鹦鹉能言，不离飞鸟。人惟有礼，庶可免相鼠之刺；若徒能言，夫何异禽兽之心。

【译文】猩猩能说话，仍然是走兽；鹦鹉能说话，但仍脱离不了飞鸟。《诗经·相鼠》说，老鼠有皮、有体，人不能无礼无仪。所以说，人只有讲礼仪，才不会受到不如老鼠的讽刺。《礼记·曲礼》说，如果人不知礼，虽然能说话，那与禽兽又有什么区别呢？

花　木

【原文】　植物非一，故有万卉之称；谷种甚多，故有百谷之号。如茨如梁，为禾稼之蕃；惟夭惟乔，谓草木之荒。

【译文】植物并非只有一种，所以有万种花卉的名字；谷物的种类很多，所以有百种谷物的说法。像屋顶、像车梁，这是说庄稼长得茂盛；是夭是乔，这是说草木荒凉了。

【原文】　莲乃花中君子，海棠花内神仙。国色天香，乃牡丹之富贵；冰肌玉骨，乃梅萼之清奇。兰为王者之香，菊同隐逸之士。

【译文】莲花出淤泥而不染，周敦颐说莲花是“花中君子”；海棠花色艳丽而不妖冶，唐代贾耽说海棠是“花中神仙”。“国色天香”，是形容牡丹的富贵形象；“冰肌玉骨”，比喻梅花的与众不同。孔子说兰花是花中最为浓香的，宋代周敦颐说菊花是花中的隐逸之士。

周敦颐

【原文】竹称君子，松号大夫。萱草可忘忧，屈轶能指佞。筼筜竹之别号，木犀桂之别名。

【译文】竹子的根牢固，身直，心空，有节，被称为“君子”；秦始皇登泰山，曾在五棵松树下避雨，于是封这五棵松树为“五大夫”，此后“五大夫”就成了松树的别名。萱草又名忘忧草，据说可以让人忘记忧伤；“屈轶”又名指佞草，据说太平时代生于庭前，能指向奸佞之人。筼筜是竹子的别名，木犀是桂花的别名。

【原文】明日黄花，过时之物；岁寒松柏，有节之称。樗栎乃无用之散材，楩楠胜大任之良木。

【译文】“明日黄花”，这里比喻过时的事物；“岁寒松柏”，是对有气节的人的赞美。樗栎（chū lì）：樗，即椿树。栎，即柞栎树。本句是说这两种树木是没有用的材料（即指散材），后世往往用来比喻人的平庸无用。楩楠（pián nán）：楩，即黄楩木。楠，楠木。二者都是能做栋梁的优良木材。

【原文】玉版，笋之异号；蹲鸱，芋之别名。瓜田李下，事避嫌疑；秋菊春桃，时来迟早。

【译文】玉版：干笋。生长在南方，南方人喜欢食用；蹲鸱（chī）：大芋头，因其形状像蹲伏的鸱鸟而得名，可以食用。古人瓜田里不提鞋子，李树下面不整帽子，为的是避免有偷摘的嫌疑；秋天菊花在九月开，春天桃花在三月开，这些时节的迟早标志着季节的变化。

【原文】南枝先，北枝后，庾岭之梅；朔而生，望而落，尧阶蓂荚。苾刍背阴向阳，比僧人之有德；木槿朝开暮落，比荣华之不长。

【译文】南面的枝先开花，北面的枝后开花，说的是庾岭的梅花；月初生，月中旬落，是说尧阶蓂荚的特性。苾刍（bì chú）是梵语，一种植物。或说即“比丘”的异译，也是僧人的总称。据说这种植物有五种德性，其中第五种“背阴向阳”，比喻一心向佛。因此，僧人称为苾刍（比丘）；木槿（jǐn）系落叶灌木，其花早晨开，到了傍晚就落了。常用来比喻好景不长，人心反复。

【原文】芒刺在背，言恐惧不安；熏莸异气，犹贤否有别。桃李不言，下自成蹊；道旁苦李，为人所弃。

【译文】芒草刺在背上，比喻心情的恐惧不安；香草臭草不能同藏在一个器皿里，好比贤人和坏人是应该有区别的。桃李不说话，下面自会形成一条小道；道边的苦李子，是人们不爱吃的。

【原文】老人娶少妇，曰枯杨生稊；国家进多贤，曰拔茅连茹。蒲柳之姿，未秋先槁；姜桂之性，愈老愈辣。

【译文】旧时把老年人娶少妻，叫作枯萎的杨树又长出了新芽；把同一志向的人相互引进，叫作“拔茅连茹”。蒲（即水杨）和柳，落叶都早，用来比喻人早衰，晋顾悦因自己头发比同龄人先白，曾说：“蒲柳之姿，望秋而落。”南宋秦桧曾派人要晏敦复顺从自己，晏回答说：“我不能因为自己而误了国家，何况我是姜桂之性。”姜、桂是两种调味品，非常老辣。

【原文】王者之兵，势如破竹；七国之雄，地若瓜分。苻坚望阵，疑草木皆是晋兵；索靖知亡，叹铜驼会在荆棘。

【译文】代表正义的军队，攻击敌人如同砍竹子一样，节节胜利；战国时代，齐、楚、燕、韩、赵、魏、秦七国争雄，天下的土地，像瓜一样地被分割开来。东晋时，前秦主苻坚率兵进攻晋国，谢安、谢玄率兵在淝水迎击，这就是历史上著名的淝水之战，苻坚登城观阵，见晋兵布阵整齐，八公山上，草木之间都像有人影在晃动，不觉面上出现恐惧，这就是“八公山上，草木皆兵”的由来；西晋尚书索靖有远见，知道西晋将要灭亡，指着洛阳宫门前的铜驼说：“不久就会看见你落在荆棘之中。”

【原文】王祐知子必贵，手植三槐；窦钧五子齐荣，人称五桂。

【译文】宋朝王祐有贡献，没有被任命为丞相，对人说：“我不是丞相，我的儿子今后一定能做丞相。”于是亲手栽了三棵槐树，后来，他的儿子王旦做了宰相。传说宋代窦禹钧已经三十岁了还没有儿子，因拾金不昧而保全了人命，阴间的神赐给他五个儿子，后来都榜上有名做了大官，当时人们称他的五个儿子为“燕山五桂”。

【原文】钼麑触槐，不忍贼民之主；越王尝蓼，必欲复吴之仇。

【译文】春秋时晋灵公荒淫无道，赵盾多次劝谏，他不但不听，还派力士钼麑行刺赵盾，钼麑见赵盾是为老百姓办事的好官，不忍心行刺，就撞在槐树上自杀了；春秋时吴国打败了越国，越王勾践冬天抱冰，夏天抱火，睡在木柴上，吃着苦蓼，表示不忘亡国的耻辱，激励自己时刻不忘国仇。

【原文】修母画荻以教子，谁不称贤；廉颇负荆以请罪，善能悔过。

欧阳修

【译文】宋代欧阳修四岁没有了父亲，他的母亲亲自教他读书认字，没有纸，就用荻茎（芦苇）在地上画字学习，终于把他培养成大政治家、大文学家，大家都称赞他的母亲贤良；战国时赵国蔺相如本是个小官吏，因在外交上拒秦有功，居相位而在老将廉颇之上。廉颇不服气，总想侮辱蔺相如，而蔺相如为了顾全大局，总是躲着他并说："我是先为国家然后再了结个人的恩仇。"廉颇知道事情原委后很惭愧，就背负荆条前去请罪，此后二人结为生死之交，传为美谈。

【原文】弥子瑕常恃宠，将余桃以啖君；秦商鞅欲行令，使徙木以立信。

【译文】弥子瑕是春秋时卫灵公的幸臣，他曾把自己吃剩的桃子给卫灵公吃，当时卫灵公很高兴，后来又反过来怪罪他，并对他进行了处罚；秦国的商鞅想推行法令，悬赏让人把木头从南门搬移到北门，以建立他的威信。

【原文】王戎卖李钻核，不胜鄙吝；成王剪桐封弟，因无戏言。

【译文】晋王戎本性吝啬，家里种了许多优良的李子树，他怕别人得到好的种子，所以在出卖前，把李子的核都挖出来；周朝初年，周成王年幼，他的叔叔周公代管国家大事，有一次，成王在游戏时摘桐叶并剪成当时帝王诸侯手执的长形玉版，对他的弟弟叔虞说："我用这个封你为诸侯。"周公便说："请你选择一个好日子再正式封，帝王出口，一言为定，决无戏言。"就这样，叔虞被封为唐侯。

【原文】 **齐景公以二桃杀三士，杨再思谓莲花似六郎。**

【译文】春秋齐景公时，有三个勇士名叫公孙接、田开疆、古冶子，都居功自傲，晏婴劝景公将三人除掉，于是便派人给他们送了两个桃子，说谁功大谁吃桃，三人互相摆功争桃，最后均自杀身亡。唐朝杨再思惯会溜须拍马，为逢迎武后宠幸张昌宗（小字六郎），他便说："别人说六郎像莲花，我看莲花像六郎。"

【原文】 **倒啖蔗，渐入佳境；蒸哀梨，大失本真。煮豆燃萁，比兄残弟；破竹遮荀，弃旧怜新。**

【译文】据说顾恺之吃甘蔗先吃尾后吃根，他说："这样吃越吃越甜，逐渐进入佳境"；晋时金陵哀仲家的梨，味道很美，入口便化解了，如果蒸一下就会变了味道，大将军桓温每对人不满，便说："你得到哀家的梨，能不能不再蒸了。"意思是指这个人真愚蠢。"煮豆燃萁"，用来比喻兄长残害弟弟；"破竹遮荀"，用来比喻喜新厌旧。

【原文】 **元素致江陵之柑，吴刚伐月中之桂。**

【译文】唐宣宗时，方士董元素自南方来，宣宗问："江南柑橘正熟，能弄来一些吗？"董元素取来一个盒子，过了一会儿打开盒子，只见柑橘盛满盒子，并说："这是扬州的柑橘。"传说月宫中有棵高五百丈的桂树，吴刚学仙有过被罚，令其砍伐桂树，但创口随砍随合，永远也砍不断。

【原文】**捐资济贫，当效尧夫之助麦；以物申敬，聊效野人之献芹。**

【译文】传说宋范仲淹的儿子范尧夫奉他父亲的命令到苏州收取五百斛麦子，船行到丹阳遇见石延年，得知他三个亲人亡故都未下葬，便把麦子全部赠给了他以助葬，范仲淹得知此事非常高兴；古时有一乡人喜欢吃野水芹菜，对乡中的豪富夸野水芹菜好吃，这个豪富取来品尝，觉得蜇口，肚子也不舒服，乡人遭到富豪们的嘲笑，以后的人们常用"献芹"表示礼物微薄。